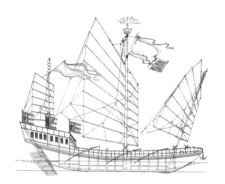

海岱遗珍

山东出水文物汇编

山东省水下考古研究中心　编

文物出版社

图书在版编目（ＣＩＰ）数据

海岱遗珍：山东出水文物汇编 ／ 山东省水下考古研究
中心编． -- 北京 ：文物出版社，2019.9
  ISBN 978-7-5010-6271-3

  Ⅰ．①海… Ⅱ．①山… Ⅲ．①水下－考古发掘－山东－
图录 Ⅳ．①K873.52

  中国版本图书馆CIP数据核字(2019)第196431号

海岱遗珍——山东出水文物汇编

编者　山东省水下考古研究中心

装帧设计　李　红
责任编辑　杨新改　崔叶舟
责任印制　苏　林

出版发行　文物出版社
社　　址　北京市东直门内北小街2号楼
网　　址　http://www.wenwu.com
邮　　箱　web@wenwu.com
印　　刷　天津图文方嘉印刷有限公司
经　　销　新华书店
开　　本　889×1194　1/16
印　　张　20
版　　次　2019年9月第1版
印　　次　2019年9月第1次印刷
书　　号　ISBN 978-7-5010-6271-3
定　　价　430.00元

本书编辑委员会

主编

王守功

副主编

王泽冰　魏泽华

编委会

从第一次颤巍巍地涉足深水，

人类与水的交织就在痛苦和欢乐中交替。

人们在与水的斗争中不断发展，

也在走向远方的征途中遭受一次又一次的失败。

恰恰是那些失败者，

为我们在内水和海洋中遗留下了珍贵的遗产。

在水下文化遗产保护的探索中，

水下考古追寻的是不幸者的足迹，

无论是沉船还是出水文物，

给我们讲述的都是一个个遗憾的故事，

讲述着中国在不同历史时期贡献给今人的发明和创造，

讲述着几千年来中华民族探索世界的伟大梦想

......

海岱遗珍

目录

前言 ⋯⋯⋯⋯⋯⋯⋯⋯⋯⋯⋯⋯⋯⋯⋯⋯⋯⋯⋯⋯⋯⋯⋯⋯ 010

上编　古船

壹　海洋篇 ⋯⋯⋯⋯⋯⋯⋯⋯⋯⋯⋯⋯⋯⋯⋯⋯⋯⋯⋯ 017

  1. 荣成古船 ⋯⋯⋯⋯⋯⋯⋯⋯⋯⋯⋯⋯⋯⋯⋯⋯ 018

  2. 平度古船 ⋯⋯⋯⋯⋯⋯⋯⋯⋯⋯⋯⋯⋯⋯⋯⋯ 021

  3. 莱州古船 ⋯⋯⋯⋯⋯⋯⋯⋯⋯⋯⋯⋯⋯⋯⋯⋯ 025

  4. 昌邑古船 ⋯⋯⋯⋯⋯⋯⋯⋯⋯⋯⋯⋯⋯⋯⋯⋯ 028

  5. 蓬莱古船 ⋯⋯⋯⋯⋯⋯⋯⋯⋯⋯⋯⋯⋯⋯⋯⋯ 030

贰　运河篇 ⋯⋯⋯⋯⋯⋯⋯⋯⋯⋯⋯⋯⋯⋯⋯⋯⋯⋯⋯ 069

  6. 菏泽古船 ⋯⋯⋯⋯⋯⋯⋯⋯⋯⋯⋯⋯⋯⋯⋯⋯ 070

  7. 聊城古船 ⋯⋯⋯⋯⋯⋯⋯⋯⋯⋯⋯⋯⋯⋯⋯⋯ 087

  8. 梁山古船 ⋯⋯⋯⋯⋯⋯⋯⋯⋯⋯⋯⋯⋯⋯⋯⋯ 092

  9. 鄄城古船 ⋯⋯⋯⋯⋯⋯⋯⋯⋯⋯⋯⋯⋯⋯⋯⋯ 116

下编　出水文物

壹　新石器时代 125

贰　三代 135

叁　汉 153

肆　南北朝唐宋 171

伍　金 187

陆　元 197

柒　明 245

捌　清 287

玖　近代 301

拾　年代不明 311

后记 317

前言

　　山东地处中国东部沿海、黄河下游，省内水域环境多样。海洋资源得天独厚，海岸线长约3345千米，占全国六分之一，近海海域面积15.95万平方千米，略大于陆地面积；内陆水系发达，山东流域面积50平方千米以上的河流1049条，全国干流长10千米以上的河流有1500多条，其中在山东入海的有300多条。湖泊湿地众多，仅南四湖、东平湖水域面积就达1800平方千米；京杭大运河贯穿山东5市17县（市、区），全长近570千米，占京杭大运河总长度的三分之一。复杂而众多的水域，留下了丰富的水下文化遗产。

　　山东是中华文明的重要发祥地之一，涉水用水治水历史悠久，水韵深厚。史前时期先民们便在汶水、济水、泗水等古水沿岸繁衍生息，春秋时期便开始挖凿运河，齐国"通商工之业，便鱼盐之利"。唐宋之时，山东海运漕运盛极一时，港口码头众多，海上和陆上丝绸之路在此地汇聚。明清两代，山东沿海卫戍文化自成一体，海港卫所遍布。丰富的水域和悠久的历史积淀了山东厚重的水下文化遗产。

　　近年来，随着国家海洋强国战略、"一带一路"倡议和山东省蓝黄经济区战略、海洋强省战略的相继实施，水下文化遗产保护与考古研究成为文物工作的紧迫课题。2015年山东省水下考古研究中心成立，主要承担全省水下文物的调查、保护、发掘和研究工作，成为全国首家省级水下考古专业研究机构。山东水下文化遗产保护事业从无到有，由弱渐强，先后开展了东平湖及其淹没区水下考古调查、烟台庙岛群岛水下资源线索普查、山东明清海防设施调查研究、海上丝绸之路申遗点调查研究等工作。全省水下文化遗产分布情况逐步清晰，山东海疆历史文化廊道规划建设工作全面启动。

经初步统计，全省出水文物时代跨度大，器物类型多。时代上，涵盖了从新石器时代到近代的各个时期；类型方面，既有古沉船，又有石器、陶器、瓷器，也有铜器、玻璃等。这些文物承载了齐鲁大地深沉的历史文化，彰显了先民们逐水而居的毅力，与水斗争的勇气，因水而兴的智慧；也体现了中华民族开放包容的气魄和精湛的技艺。

为系统收集整理这些珍贵的文物资料，弘扬优秀传统文化，提升山东在"一带一路"倡议和海洋强国战略中的文化自信与文化自觉，山东省水下考古研究中心组织撰写《海岱遗珍 —— 山东出水文物汇编》。撰写过程中，得到了山东省文化和旅游厅（山东省文物局）和国家文物局水下文化遗产保护中心领导以及专家们的大力支持，得到了全省文物部门的鼎力相助。全书分上下两编，上编主要介绍出土古船，重点对商周时期荣成古船，隋唐时期莱州古船、平度古船，元明时期蓬莱古船、昌邑古船、聊城古船、菏泽古船、梁山古船，清代的鄄城古船等 13 艘古船进行介绍。下编主要介绍馆藏出水器物，重点对山东博物馆及青岛、烟台、东营、潍坊、威海、日照、滨州等地相关博物馆收藏的出水器物进行介绍。全书采用图文并茂的形式，对文物构成、年代等进行介绍，力求真实、全面、直观地向读者展示近年来山东地区出水的精品文物。

文化是民族的"根"和"魂"，文化自信与文化建设是中国繁荣发展的重要软实力。习近平总书记在讲话中多次强调要大力研究、阐发、传承和弘扬中华优秀传统文化。在对山东工作重要批示中，总书记要求山东用好齐鲁文化资源丰富的优势，加强对中华优秀传统文化的挖掘和阐发，为做好改革发展稳定各项工作提供强大精神力量。山东省水下考古研究中心将以此书的编辑出版为契机，进一步保护、挖掘、整理、弘扬及利用好全省水下文化遗产资源，重点做好山东海疆历史文化廊道和运河文化带规划建设，着力在"一带一路"和海洋强省战略中走在文化建设前列。

·上编·

古 船

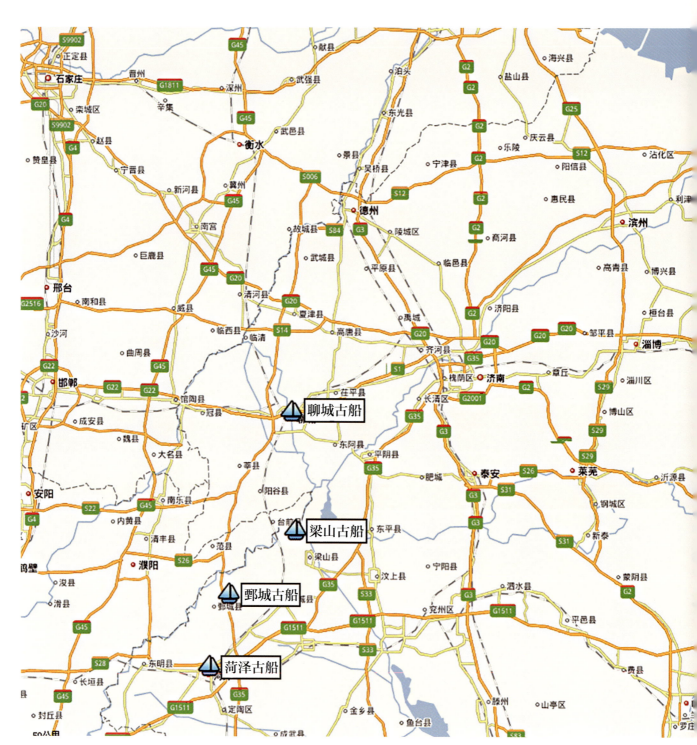

山东古船位置示意图

壹

海洋篇

　　海洋是生命的摇篮，也是生命的归属。

　　山东拥有15.95万平方千米的海域，略大于陆地面积；拥有3345千米的海岸线，不同历史时期可考的港口多达100余个。辽阔的海域为海上文化交流提供了广阔的空间，复杂的海洋环境也曾使大量船只沉没于茫茫大海。山东海域出水的沉船及相关研究表明，至迟从周代开始，海岱地区的人们就利用不同的航线与日本、朝鲜半岛、东北等国家和地区进行文化交流，隋唐以后，海上航线不断延伸至世界各地。不同时代的船舰在辽阔的海洋划出优美的航线，演奏了不同时代海上丝绸之路的奏鸣曲。

1. 荣成古船

1982 年 9 月，山东省文物考古研究所和荣成县文化馆在考察胶东地区原始文化的分布时，于胶东半岛的最东端——龙须岛以西约 30 千米的泊于公社松郭家村，调查到一只独木舟①。

荣成古船是松郭家村村民在村西南约 1 千米的毛子沟挖蓄水池时发现的。此地是一处海相沉积的小盆地，东、西、南三面小山、石岗环绕，北临黄海，距现今海岸线约 2 千米。古船出土地点位于突入盆地中部的一系列小山、石岗的北端，东西两面不远的地方各有一条季节性的小河，从现地貌观察，这两条小河应是当时的海底水流，小舟所处的位置则是水势平稳的近海区。

荣成古船出土情况

荣成古船出土层位距地表约 4 米。古船发现区域的堆积可分为两大层：上层为厚约 2 米的黄沙土；下层为海泥淤积层。下层又可分为四小层：第 1 小层厚约 1 米，第 2 小层厚约 0.6 米，这两层内均含有较多的牡蛎壳、旋螺壳等。第 3 小层为一层厚约 0.2 米的腐殖质。第 4 小层即古船所在层位，厚 0.4～0.5 米，土质较为纯净，含软体动物遗骸甚少。层与层之间均有一薄层贝壳，当为不同时期的海底平面。古船底下，即第 4 小层下亦有厚 3～5 厘米的贝壳层，应为当时的海底。

结构

古船保存基本完整，仅右侧舱壁部分损坏。古船全长 3.9、头部宽 0.6、中部宽

---

① 王永波：《胶东半岛上发现的古代独木舟》，《考古与文物》1987 年第 5 期。图取自发掘简报，实物已不存。

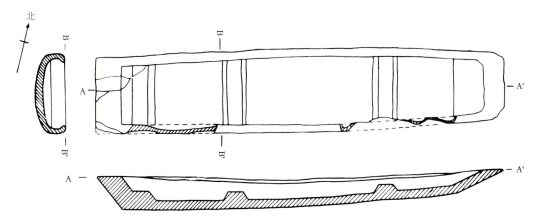

荣成古船平、剖面图

0.74、尾部宽 0.7 米，舱的最大深度为 0.15 米。舟体头部高 0.18、中部高 0.24、尾部高 0.3 米。舟舱内有两道低矮的舱隔，把舟分隔为三个舱：头舱长 0.84 米，前部有一斜坡；中舱最大，长 1.3 米；尾舱长 1 米，后部形成台阶。伴随古船出土的还有三段原木，长 0.25～0.4 米不等，横断面均为椭圆形，长径 0.15、短径 0.1 米，似是由同一树干分割而成。

从发现情况来看，荣成古船似是用一段原木上部剖去四分之一，下部剖去五分之一，再凿空修整而成。舟体切削相当规整，设计也较合理。舟身平面近似长方形，舟底纵剖面呈弧线形，前翘而后重。两侧舱壁外凸，横断面呈弧线形。这种结构可增加浮力，减少航行阻力。舟底横断面较平直，则一定程度上可以增加其耐波力。荣成古船已脱离了独木舟最原始的形态。由于年代久远，表面腐蚀，舟体表面没有发现火灼和工具痕迹。

时代

荣成古船位于地表 4 米以下，古船层位上下的海相堆积是推定古船年代的重要依据。五千年来，中国东部海平面在微微下降的过程中，曾在距今 4700～4000、3800～3000、2500～1100 年等时期内发生过几次较小的波动，有过 1～2 米较高海面的存在[1]。发现者认为荣成古船之上的 4 层海相堆积，当与上述海面波动有着直接的关

---

[1] 赵希涛等：《中国东部20000年来的海平面变化》，《海洋学报》第1卷第2期，1979年。

系，每一层贝壳层都是海面相对稳定时期的产物，并推测最下层的堆积当不会晚于距今 3800 ~ 3000 年。发现者还参考了相近深度的渤海、黄海和东海海岸带古代海洋自然遗存的放射性碳素测定数据，如：平度新河、北胶莱河口地下 2 米，近江牡蛎测定年代为距今 4795 ± 120 年；宁河董庄子地下 4 ~ 6 米的牡蛎，为距今 5280 ± 100 年；宁河姜家庄地下 4 米的长牡蛎，为距今 5475 ± 140 年；滦南南堡地下 17.67 ~ 17.97 米的牡蛎，为距今 5370 ± 150 年；天津东堤头地下 2 ~ 3 米的贝壳，为距今 5690 ± 250 年；东沟前阳地下 3 ~ 3.1 米的海相层淤泥，为距今 7770 ± 150 年；青蒲林家草地下 2 米的牡蛎，为距今 5710 ± 185 年[①]。渤海入海的有黄河、海河、滦河、漳河等河流，黄海、东海有淮河、长江两大水系，泥沙排泄堆积量都很可观。而荣成县地处黄海北部、胶东半岛的最东端，其地多石，又无较大河流，古船出土地点附近仅有东西两面的两条季节性小河，泥沙堆积缓慢。从堆积速度讲，荣成古船 4 米多厚的地层堆积，需要相当长的时间才能形成。

相较于目前发现的较晚时期的独木舟[②]，荣成松郭家毛子沟发现的独木舟形体较小；舟底造型较平直，在减少阻力和增强耐波力上并不占优势；隔舱较少，无舵位等功能设置。这些均显示了荣成古船年代较早、技术比较原始的特征。

发现者根据以上情况推断，荣成古船的年代当不会晚于商周时期，即应当在公元前二千纪至一千纪之间。

功能

胶东地区三面环海，有着广阔的水域和浅海滩涂。古代居民很早就同大海结下了不解之缘，沿海一带不断发现的贝丘遗址，就是很好的证明。荣成古船发现于近海，近海自然资源丰富且危险较低，由此推断，荣成古船应当是古代居民从事近海交通、渔捞和滩涂采集的工具。

---

① 赵希涛等：《中国东部20000年来的海平面变化》，《海洋学报》第1卷第2期，1979年。
② 目前发现的较晚时期的独木舟有：江苏奄城独木舟，为春秋晚期至战国时期；福建连江独木舟，为西汉初期；广东化州石宁村独木舟，为东汉后期。

2. 平度古船

平度古船发现于山东省平度县大苗家村西南 0.5 千米泽河东岸的海滩空地上，北距莱州湾约 15 千米[①]。泽河系 1964 年挖的人工河，从东南向西北，在北距古船约 1 千米处流入胶莱河，汇合入海，现今海水大潮时，仍能逆流而上涨到古船附近的泽河水面。古船四周的海滩空地及其底部淤土中，发现有红螺、背瘤丽蚌、紫石房蛤、砂海螂、四角蛤蜊、蛤仔、锥螺等多种贝类。从这些情况来看，平度古船附近在当时应为海滩空地。

发掘工作主要在平度古船船体的东部进行。船体距地表 2.5 米。出土地点地表为白沙土层，极细，厚约 0.2 米；第 2 层为黑褐色黏土层，质坚硬，厚约 0.31 米；第 3 层为黄花土，质松软，厚约 0.3 米；第 4 层为青淤土，极细，杂有铁锈色腐殖质颗粒，厚约 0.5～1.2 米；第 5 层为黑灰淤土，杂有大量蚌壳、树枝、杂草等物，船体即沉没于该层，船底部蚌壳甚多。

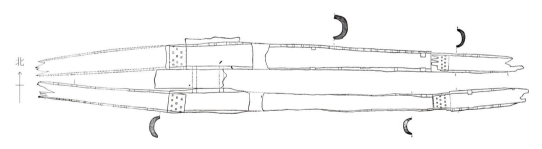

平度古船平面图

结构

平度古船为双体独木船，由两条独木舟组成，两者中部以厚板相连。船整体近水平状，方向 74°。两主体独木舟分别由三段刳挖的粗大树干组合而成，断面呈 "U" 形，两独木舟之间接嵌木板，板下由方形木梁承托，木梁两头分别穿过两条独木舟身，再以

---

① 山东省博物馆、平度县文化馆：《山东平度隋船清理简报》，《考古》1979 年第 2 期。

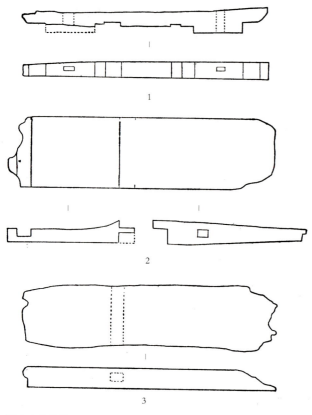

平度古船构件
1. 伏梁
2. 连接横板衔接处榫槽示意
3. 连接横板

铁钉固定，构成低矮"双体船"的船身主体。船身两侧外缘还附接两条"翼形"木板[1]。

船体残长 20.24、宽 2～2.82 米。两侧独木舟各宽 0.62～1.05、通高 0.56 米，"U"槽深 0.35、底厚 0.21 米。中间板宽 0.76、厚 0.25 米。南边一条独木舟现存两段，衔接处分别作舌形榫槽，上下交搭，然后凿出透孔十余个，分作三排，用木栓固定。北边一条独木舟共三段，亦为交搭拼接状。现存最长的两段舟身均为舟体的中间部分，各残长约 11.5 米，吃水部位较平，舱体最深。舟体顺向首尾的部分横截面则逐渐变浅，首尾部分在向上翘起的同时，逐渐向中线收缩，使整个船体近似梭形。两条独木舟中间的连接横板，现存五块，较完整者残长 2.8 米。板的横向中部有一个长 15、宽 8 厘米的长方孔，是贯穿两条独木舟横梁的遗迹，当两块连接横板衔接处遇到横梁时，连板亦上下各作舌状榫槽，交搭拼接，将横梁压在底下。

船身残长 20.24 米，但两条独木舟首尾均残，根据船体情况，推测该船的总长在 23 米左右。

两只独木舟两壁均凿挖若干大小榫孔，且排列位置相互对称，其中大型榫孔现存 14 对，高 13、宽近 20 厘米，可以推测这些榫孔是用来穿梁连接两舟体的。从船体现状分析，发掘者认为横梁数当有二十根左右。南侧独木舟外缘残存一段"翼形"长板，长 2.26、宽 0.25 米，由四条小木栓与南边独木舟连接，从船身两侧众多的小型榫孔分布看，独木舟外缘"翼板"的长度也应与其相适应。1975 年秋，西部还出土三根另一型"伏梁"，每根残长 2.7、宽 0.18、高 0.14 米，两头形制对称。"伏梁"平铺在船体西部，

① 徐永吉、吴达期、李永敬：《平度隋船的木材鉴定》，《电子显微学报》1983年第2期。

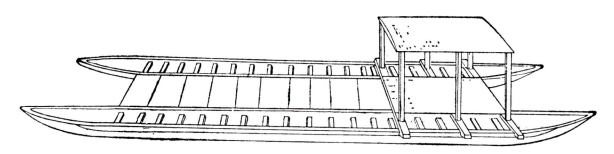

平度古船复原示意图

向下凸出部分正与左右两条独木舟舱体宽度相当，两头竖孔也正与舱体中心相对，当
是船体上部建筑遗存。在"伏梁"的竖孔上安装立柱，即可以此构建"蓬"或"庐"之
类的上部建筑。

　　船体各部位采用铁钉进行连接加固。铁钉圆顶方身，长约 20 厘米，断面 1 厘米，
顶径约 5 厘米，多已锈蚀。船板之间采用麻皮之类绳筋及白色油灰填塞间隙，发现时
也均已朽烂。船体清理过程中未见橹棹、楫桨之类驶航停泊用具。

　　根据清理情况，发掘者认为平度古船船体东部船首南侧早年曾遭到人为的破坏，船
体中部火烧残毁严重。

　　该船船材经南京林产工业学院化验鉴定，除少数属樟木外，多数船身为金缕梅科枫
香。樟木和枫香现均是我国南方产树种，山东当地不产，因而还不清楚这只船是造于
南方还是北方，或是就地取材还是外来船材。

共出器物

　　发掘区第 1～3 层无遗物，压在船体之上的第 4 层北部出土宋、元时期的黑釉碗残
片一块。船体所在第 5 层出有较多的陶、釉陶和瓷器残片，散落在船体内外，但均无
法复原。

　　陶器有泥质红褐陶大瓮，1 件，敛口，卷唇，口径 70 厘米；泥质灰陶大瓮 2 件，1
件直领，1 件无领，口径均 70 厘米；泥质灰陶大盆 1 件，敞口，宽沿，口径 90 厘米。
釉陶器有褐釉敛口大瓮，3 件，形制基本一致，薄唇无沿，口径 50 厘米，表面釉质光
泽晶润，釉斑美观，颇似"甜瓜皮"，有的残片里部还带麻布斑、孔雀毛状斑、白点斑
等釉迹。

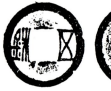

铜五铢

隋

直径2.1和2.2厘米，重1.42克

此外还有青瓷带系小罐残片。

铁器有环手铁刀，1把，锈蚀严重，残长41.7、宽2.7厘米。

铜器有"五铢"铜钱，2枚，钱外郭较阔，"五"字交笔较直，右边沿穿孔处有一竖画，钱色灰白，应为隋五铢，直径分别为2.1和2.2厘米，重1.42克。

时代

平度古船同地层出土了隋代五铢白钱[①]。此外，船体所在第5层出土的青瓷带系罐残片与1973年3月济南东郊砖瓦二厂出土的隋开皇十年"齐故千乘县令房彦诩"父子墓所出四系青瓷罐相比，除颜色较重外，胎、釉几乎完全一样。由此可见，平度古船沉没当在隋末，其制造及使用年代大抵也是隋代。

功能

发掘者通过请教造船工，得知平度古船载重量约计23吨。这样的大船在内河或沿海一带行驶，若以桨为主兼施橹棹，所用船工当在一二十人以上。平度古船的"双体"船身，较之单体独木舟而言船身更稳定，船底中间平，两头逐渐上翘成弧状，整体近梭形，则更利于平稳行驶，船体两侧"翼形"板的增设，不仅加大了船体使用面积，提高运输效率，又可增强稳度。但是平度古船整体厚重，难于抗拒大风浪的袭击。平度古船附近没有发现橹棹、楫桨等航驶工具，发掘者推测平度古船可能是作为趸船使用的。

---

① 《新唐书·食货志》："隋末行五铢白钱……千钱初重二斤，其后愈轻，不及一斤"，这次出土的重量较轻，应即所谓"白钱"。

3. 莱州古船

2004 年 5 月 15 日，莱州市土山镇海仓三村西南发现独木舟一条[①]。独木舟发现地位于胶莱河与泽河交汇处。独木舟由一根独木刳挖而成，长约 7 米，宽约 1 米，剖面呈半圆形。同年 10 月上旬，土山镇海仓一村村民焦占礼在村北约 5 千米承包海滩上挖筑盐池时，在离地面 1.5 米以下的淤土中发现古代独木舟及古船构件。

结构

莱州古船舟 1，长条形，首圆尾方，两端微微翘起，系由一根独木凿挖而成，舟体平整，厚薄均匀，舟体保存基本完好。长 6.6、首高 0.8、中部宽 0.9、尾高 0.65、舱深 0.45

莱州古船舟 1

---

① 崔天勇：《山东莱州发现隋唐独木舟》，《中国文物报》2004 年 11 月 12 日第二版。

米。靠首尾两端，两舷内壁近上口处各留有一凸起，凸起靠首尾两侧各开有凹槽面，似前后可置盖板，凸起两侧左右舷又对称开有榫孔，可安装横梁，可能用以加固舟的横向强度。

莱州古船舟2，残长9.49、中部宽1.05、舱深0.37、通高0.45米。全舟由两段以上独木挖空成槽再纵向连接而成。舟身残长7.1米，舟尾残长2.77米。舟身部分前后两端均凿挖有子母口凹槽，其上开有榫孔。舟尾部分与舟身衔接处外侧也开有子母口凹槽，其上开有榫孔，并残留有榫头。舟身、舟尾左右舷上口外侧壁口均开有子母口凹槽，两舷近上口处各开有若干榫孔，似用来拼接帮板，加高两舷。舟身一舷上口内壁并开方形和半圆形斜状槽口各两个，此舷内壁近舟底处一侧留有纵向排列两半圆形凸起，其向舷的立面开有榫孔。舟身非接尾部一端舱内底中间留一榫头，似可安装桅杆。舟尾部分左右舷上口对称开一凹槽和一榫口，凹槽和榫口中心相距约0.96米，其上似可构筑篷架或舱房。舟尾中间有一圆形穿孔，可能用以摇橹或置舵。

随船出土船构件有刻有方格形踏齿的桥板、挖有鼻穿的圆头方尾拖板、桅杆等长木杆及浆柄等。

中央电视台《天工开物》栏目对此作过专题节目进行介绍。莱州古船现藏莱州市博物馆。

莱州古船舟 1

共出器物

伴随莱州古船出土有青瓷碗、黑釉盘口四系罐残片。

青瓷碗，口微敛，圆唇，曲腹，圆饼形平底足。青灰釉，胎呈灰色，胎质较粗糙，有杂质小白点和微小气孔。高 6.4、口径 14.1、足径 6.1、足高 0.6 厘米。制作工艺比较粗糙，具有早期瓷器特点，其时代当在南北朝至隋或唐初时期。

黑釉盘口四系罐，残存口沿与肩。盘口外侈，小而浅，直径约 13 厘米，颈极短矮，丰肩鼓腹，肩部立四条状桥形鼻纽。胎色灰紫，胎质粗糙，较疏松、有气孔，胎内含砂粒，胎壁厚薄不匀。器身施黑釉，呈茶褐色，釉薄处呈绿褐色，釉面光泽不强，器内可能仅上部施半釉，其造型与湖南湘阴窑隋代盘口四系罐接近，时代当在隋至唐初。

时代

从莱州古船伴出的青瓷碗、黑釉盘口四系罐残片判断，莱州古船的时代当在隋唐之时。

功能

莱州地处山东半岛西北部渤海湾南岸，自古为我国北方海上交通枢纽。隋唐时期朝廷多次从水路征伐高丽，其水军基地和出发港即设于莱州，并曾在莱州海口大造战船。

平度古船与莱州古船出土地相距不足 5 千米。莱州古船出土地系莱州古港之一海仓海口的沿海滩涂，北距渤海湾约 3 千米。它为研究我国古代造船技术发展史、北方渤海湾航海史及水上工具的应用提供了重要的实物资料。

4. 昌邑古船

2017年11月~2018年2月，山东省水下考古研究中心对昌邑廒里村古沉船进行了发掘。

结构

昌邑古船位于昌邑市下营镇廒里村东北漩河防潮大坝北侧，北部为漩河，东部为胶莱河。船体破坏较严重，共计发现船体构件（板）12件，其中体量最大为2号船体构件（板），由4块长约11、宽约0.6米的船体板组成，重约8吨。

昌邑古船2号船板

昌邑古船2号船板连接构件

昌邑古船2号船板外侧封护

昌邑古船3号船板封护

昌邑古船 4、5 号船板（右为 4 号、左为 5 号）

时代

由于发掘区位于河边，各
地层均为淤泥淤积而成，无法
准确判断文化内涵。

经 ^{14}C 测年，昌邑古船年代
应为隋唐时期。

昌邑古船 4 号船板连接凹槽

功能

从清理情况来看，昌邑古
船体量较大，残长约 12 米，残宽约 3 米，船板厚度约 0.35 米，这在国内目前发现的古
船来说，木材厚度还是最厚的，且昌邑古船通体采用榫卯结构，尚未发现铁钉。

从出土位置来看，昌邑古船与莱州、平度两地出土古船位置相当接近，这些船只可
能与当时中原王朝与高丽的紧张关系有关。

5. 蓬莱古船

　　1984年3~6月，蓬莱县组织群众对蓬莱水城小海进行了大规模的清淤工程，清淤中出土了大量遗物，计有古船、铁锚、木锚、石锚、石炮弹、铁炮弹、铁炮、铜炮、缆绳、残铁剑、货币及大量陶瓷器等。在这次清淤中，于小海西部和西南部共发现8处残船遗迹，其中在西部第2层相对集中的出土了四个形制较小的残船骸，均为渔船

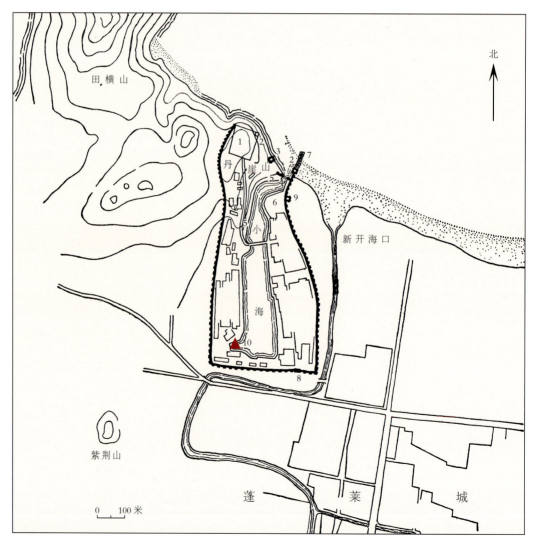

蓬莱古船位置示意图

1.蓬莱阁　2.灯楼　3.炮台　4.水门　5.码头　6.平浪台　7.防波堤　8.振扬门　9.敌台　10.蓬莱古船

散船板，在小海西南部的第 3 层中也相继发现了四艘古船残骸，其中两艘为散船板，无法辨别其形制，另外两艘船体较完整。但由于其中一艘的三分之二压于民房之下，当时资金和技术力量均不足，因此仅对东部的大型残船进行了发掘，即《蓬莱古船》中的一号船。

2005 年 7 ~ 11 月，为了配合蓬莱水城小海再一次大规模的清淤工程，山东省文物考古研究所、烟台市博物馆、蓬莱市文物局联合组队，对清淤过程中发现的古船进行了考古发掘和清理。本次共发掘三艘大型海船，均位于南小海的西南角，编号分别为二、三、四号船，在 1984 年发现的一号船的西部，其中南为二号船，北为三号船，保存较完整；四号船在二、三号船的东北方向，仅存 4 块残底板，其中二号船即 1984 年发现但未发掘船只[①]。

蓬莱小海出土的古船及大量不同类别的遗物，对研究水城与登州古港的历史变迁及海外交通、南北贸易、造船技术、古代海军技术等问题提供了重要的实物资料。

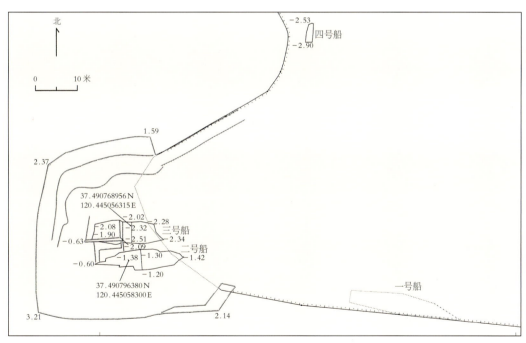

蓬莱古船出土位置图

图中数字为高程（单位：米）。高程以枯潮标高 0 计算。一号船位置是根据发掘者 1984 年原始记录补绘。

---

① 山东省文物考古研究所、烟台市博物馆、蓬莱市文物局：《蓬莱古船》，文物出版社，2006 年。

一号船

结构

　　一号船紧靠小海南墙，船体呈 120°，东高西低，船头深入小海墙内。船的上部与首尾已残。船首保留了首柱，尾部仅保留了舵座板，甲板以上部分已不存。船底部的船板及各舱壁板大部分完好，木纹的结构均清晰可见。现存船体残长 28 米，残宽 1.1~5.6 米，残高 1.2 米，呈流线型，头尖尾方，底部两端上翘，横断面呈圆弧形，有十四个舱。

一号古船

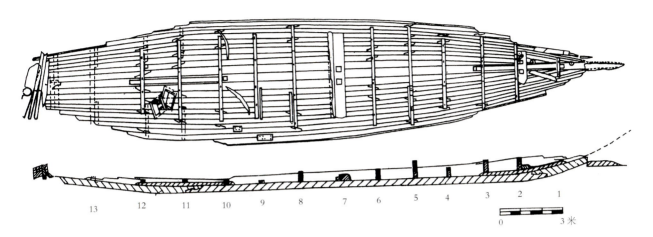

13　　12　　11　　10　　9　　8　　7　　6　　5　　4　　3　　2　　1

0　　　　　3米

一号古船平、剖面图

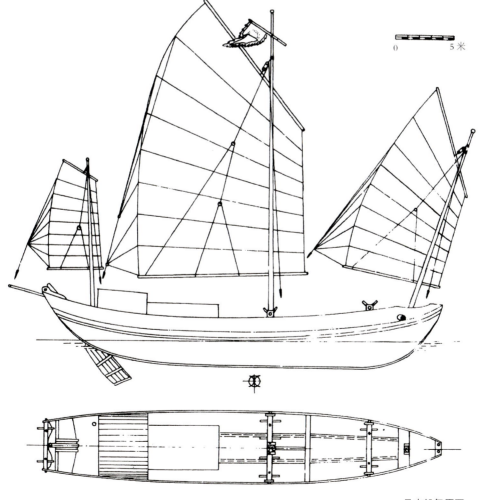

0　　　　5米

一号古船复原图

共出器物

一号船前部出土木滑轮三个，前桅座北侧发现滑轮架，船内前部发现瓷高足杯、石球，船板之间有船钉连接，船底淤泥中发现石球、瓷碗、瓷瓶、陶香炉、残铜炮等。

木滑轮（编号DB-1971-2）

元

直径21.5、厚3.5、孔径4.7厘米

1984年小海清淤出土，位于一号船的前部，现藏蓬莱古船博物馆

共发现3个，分大小两类。楠木制成。圆饼状，中间有圆孔，周边内凹。保存完好。

木滑轮（编号DB-1971-3）

元

直径23、厚3.2、孔径4厘米

1984年小海清淤出土，位于一号船的前部，现藏蓬莱古船博物馆

楠木制成。圆饼状，中间有圆孔，周边内凹。保存完好。

陶香炉（编号PX-150）

元

高8.8、口径11.6厘米

1984年小海清淤出土，位于一号船船底的淤泥中，现藏蓬莱古船博物馆。

泥质灰陶。直口，方唇，束领，折腹，三蹄形足，桥形耳，底部刻一"史"字。

青瓷高足杯（编号DB-1833）

元

高10、口径12、足径4厘米

1984年小海清淤出土，位于一号船船内前部，现藏蓬莱古船博物馆

口外撇，圆唇，鼓腹，竹节式高足，呈喇叭状。胎质红色，灰青釉。底心旋削内收。

青瓷碗（编号PX-67）

元

高6.3、口径22.5、足径6厘米

1984年小海清淤出土，位于一号船船底的淤泥中，现藏蓬莱古船博物馆

敞口，圆唇，曲腹，矮圈足。灰胎，豆青釉，底心无釉，留有刮削痕迹。

残铜炮口（编号DB-1854）

元

残长18.3、外口径10、内口径7厘米

1984年小海清淤出土，发现于一号船下淤泥中，现藏蓬莱古船博物馆

用黄铜铸造。仅存炮口，严重残缺。

石球（编号DB-3145）

元

直径9.5厘米

1984年小海清淤出土，发现于一号船船内前部，现藏蓬莱古船博物馆

石灰岩质，琢制而成，似为用于战争的垒石。

时代

发掘者推测一号船的年代至迟应不晚于元末明初。依据有二：船内出土的高足杯，经鉴定为元代龙泉系，这是断代的主要依据；根据船的现存长宽判断，一号船无法通过明初所建的蓬莱水城水门口。所以，推测船的年代至迟应不晚于元末明初。

功能

蓬莱一号船船体多采用南方优质木材，船板为杉木，桅座、舵承座为楠木，首柱、尾龙骨为樟木，主龙骨为松木。这不仅与文献记载的我国南方造船用料相同，而且与泉州出土的宋代海船用料也相同[1]，因而，发掘者认为该船有可能为南方制造。

蓬莱古船一号船船身窄而长，隔舱多，尖圆底，昂首翘尾，有两个桅座。《明史》载："（大福船）能容百人，底尖上阔，首昂尾高。柁楼三重，帆桅二，傍护以板，上

---

[1] 泉州湾宋代海船发掘报告编写组：《泉州湾宋代海船发掘简报》，《文物》1975年第10期。

设木女墙及炮床。中为四层，最下实土石，次寝息所，次左右六门，中置水柜，扬帆炊爨烫皆在是，最上如露台，穴梯而登。傍设翼板，可凭以战。矢石火器皆俯发，可顺风行。"[1]从残船的结构来看，一号船与文献记载的大福船相近，但又有区别：此残船长宽比例为5∶1，而大福船一般为3∶1左右，蓬莱一号船较窄长。从船底的形体来看，一号船与泉州出土的福船也有区别。泉州船底较尖，蓬莱一号船较平，泉州船板为双层，而此船为单层。

关于该船的用途，发掘者认为有可能是元代用于巡视海防备楼的战船。据《登州府志》载："元初佥山东沿边州属户为军，益度、淄博所辖，莱州李璮因军内金一万人，差官部所御倭讨贼，而水军之防御循宋制。"[2]因此，水城作为驻扎水师、停泊战舰、出哨巡洋的军事重地，一般渔船是禁止出入水城的。另外，舱内出土遗物中生活用具较少，仅有一件高足杯，同时多见与战事有关的铁弹和石球，从船内出土遗物看，发掘者认为该船是战船。也有学者依据船的长宽比及造船用材，推断为沙船或改进的大型战船[3]。

从古船的位置来看，一号船沉于风平浪静的水城小海西南岸边，显然不是由于风浪和战争所致。船体南部有两个地方进行过修补，说明它是一条使用时间较长的旧船，因此可以认为该船是因损坏又无法修复而被遗弃的，后来古人将船体的水上部分拆掉，留下水下的船底部分，再经过长年累月泥沙的淤积，最终被淤泥淹没[4]。

二号船

结构

二号船位于小海西南角，船体基本近水平，方向91°，为瘦长的流线型，残存船底部。残长21.5米，中部残宽5.2米，残存6道舱壁板及7道舱壁板残痕，显示至少有12个水密舱。尾部和后面的舱壁板及船舷以上的船板已损坏掉，主龙骨、首柱保存较好，为粗壮的圆方形。前桅座因扰动移至首柱左下方，其他桅座已被破坏，船首、中部、尾部的船板有多处人工砍削的断痕。

---

[1] 《明史·兵志》。
[2] 《登州府志》卷十二《军垒》。
[3] 杨槱：《山东蓬莱水城与明代战船》，《蓬莱古船与登州古港》，大连海运学院出版社，1989年。
[4] 辛元欧：《蓬莱水城出土古船考》，《蓬莱古船与登州古港》，大连海运学院出版社，1989年。

二、三号船和船材层位关系

二号船首柱与主龙骨的连接

首柱后端有钩子榫口自上而下扣压在主龙骨上，钩榫长 60 厘米。钩子口西端还有矩形凸榫插在主龙骨的凹榫中，凸榫长 6 厘米。

二号船的龙骨

主龙骨保存较好，横截面为圆方形，长 16.22 米，十分粗壮。

二号船首柱

首柱保存较好，长 4.78 米，十分粗壮。前端为圆锥形，后端上为圆方形、下为圆圜形，上翘高度 1.3 厘米。各列船板自船中部至首柱弧收成尖头和尖底，底部呈 "V" 字形，而由第 4 舱至船尾则比较平直，底部呈 "U" 形。

二号船

二号船的龙骨

龙骨前部为蛇头形钩子同口，蛇头部前窄后宽，长60、前端宽32、厚54厘米，后端宽48、厚52厘米，尾部宽34、厚16厘米。前端有钩子榫口向上与首柱的钩子榫口相扣，东西纵向有矩形凹榫与首柱连接，后部左右各有一夹板，以便与两侧翼板取平，同时夹板下龙骨两侧有斜槽榫加暗榫纵向与翼板连接，暗榫口长9.5、宽6~7、深4厘米；尾端有凹槽，应是接尾龙骨的槽口，口长30、宽34、深8厘米。

二号船的补强材

补强材设在首柱和主龙骨之间，保存较好，横截面为圆方形，纵向为凹弧形，长3.86、宽0.25、厚0.08~0.26米，其上与第2、3隔舱板的下层舱板的深凹槽扣合，与首柱及主龙骨上下用圆头形铁钉加固。

二号船船板

船板由翼板向两侧排列，左右两侧各有 10 排，每列板由若干根方木
连接而成。

二号船的龙骨和翼板铲钉连接形式

翼板位于主龙骨两侧，均为独根方木，自尾部至首柱收
为弧形并逐渐变窄。右侧翼板，残长 15.72、厚 0.24 米，
前端宽 0.08、后端宽 0.36 米；左侧翼板残长 13.22、厚
0.2～0.24 米，前端宽 0.08、后端宽 0.38 米。其与主龙
骨以大铲钉加固。

二号船残存的隔舱板

二号船残存的隔舱板为第2道至第7道，各隔舱板随船体横向弧形而设置，由船首和尾部向中部逐渐加宽。

二号船船板钩子同口

船板纵向以木作的钩子同口连接，同口一般长0.5米左右，宽、厚与船板的尺寸相同。

二号船前桅座

桅座只存前桅座，椎木，顶长1.9、底长1.06、宽0.36、高0.21米，两端随船体有两斜面。桅座上有两舵夹孔，孔中还有残木块，应是舵夹木，孔长0.24、宽0.16、深0.1米。

主要参数
总长　　　33.85m
主体长　　31.10m
水线长　　26.40m
最大船宽　 6.80m
型宽　　　 6.00m
型深　　　 2.60m
吃水　　　 1.80m
梁拱　　　 0.55m
主桅高　　26.00m
头桅高　　16.50m
主帆面积　 180m²
头帆面积　 72m²
帆平衡　　 2∶7
舵展舷比　2.8∶1

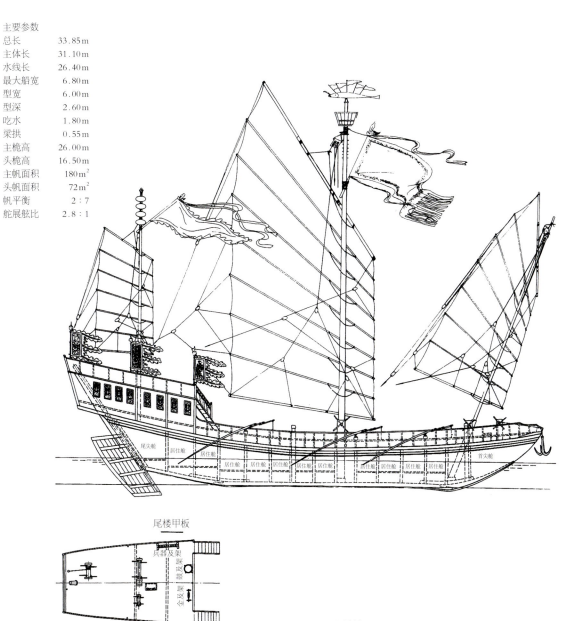

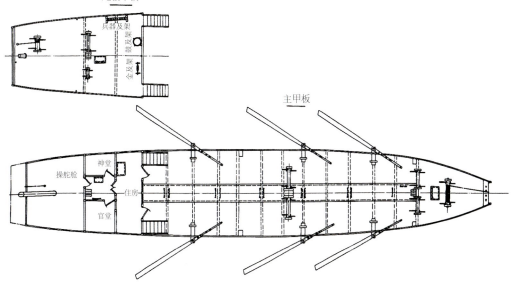

二号古船复原图

共出器物

二号船船尾北侧发现青花碗、青瓷碗和酱釉碗残片各一，第三舱发现陶纺轮，第四舱发现青瓷碗残片。

青花碗（编号⑦：2）

明

残高4.4、足径15.4厘米

2005年小海清淤出土，位于二号船船尾北侧，现藏蓬莱古船博物馆

残存碗底。大圈足较矮，平底。内底饰青花。

青瓷碗（编号⑩：2）

明

残高3.5厘米

2005年小海清淤出土，位于二号船船尾北侧，现藏蓬莱古船博物馆

出土2件。敞口，圆唇，弧腹微鼓。白胎，青釉。内、外壁挂舱料。

青瓷碗（编号⑧：4）

明

残高7.2厘米

2005年小海清淤出土，位于二号船第四舱，现藏蓬莱古船博物馆

残存口沿。敞口，圆唇。青釉。外壁饰数周旋纹。

酱釉碗（编号⑮：4）

明

残高3厘米

2005年小海清淤出土，位于二号船船尾北侧，现藏蓬莱古船博物馆

残存口沿部。敞口，圆唇，斜直腹。胎显黄，内施褐釉，外壁及内底未施釉。

陶纺轮（编号⑧：3）

明

外径4、孔径1厘米

2005年小海清淤出土，位于二号船第三舱，现藏蓬莱古船博物馆

泥质灰陶，含少量砂砾。饼状，圆形，中间有孔。

时代

二号船的制造和使用时代应在明代晚期，最早不会超过明代中期，二号船下的堆积中存在明代晚期的标本，因此二号古船的废弃时代应在明代晚期。

功能

二号船的用材主要是油松，首柱、补强材等是榆木，其他还有椎木、樟木和杉木等。

二号船的造型结构反映当时较先进的造船工艺，船身为瘦长的流线型，首部的"V"形底提高了该船的耐波性，中部的"U"形底吃水浅，与其他类别的古船相比，船速相对较快。船材的连接采用了钩子同孔、铲钉、枣核钉、挂锔等技术，提高了船的抗沉性，代表了我国明代造船匠师的高超技术。

目前发现的大型海船还不多，而且还有货船、战船混用的现象，二号船的确切类型和功能，还有待更多发现予以判定。

三号船

结构

　　三号船位于小海西南角，方向 276°，宽短型的船体向南倾斜较重，残存底部，残长约 17.1 米，中部残宽 6.2 米。首部、尾部遭到扰乱，尾龙骨、船舷以上外板已损毁，主龙骨保存较好。三号船保存 4 道隔舱板和 4 道隔舱板残痕，残存 8 个舱。中桅座位于第五舱。后桅座不见，中桅座保存较好，前桅座被现代灰窖扰至船西部淤泥中。

三号船

三号船首柱、主龙骨连接

首柱侧面有6道方木栓与两侧翼板相连，其上又有补强材，补强材与龙骨以圆头钉和枣核钉上下紧密加固。

三号船船板木钉榫

船板两板间上下以木钉榫钉连。

三号船船板鱼鳞搭接

船板之间横向采用鱼鳞搭接的技术。

三号船船板长企口

船板以长企口相扣。

三号船翼板与船板结构
翼板与船板有木栓横向穿连。

三号船翼板连接
翼板纵向以矩形槽口相扣。

三号船船板与补板结构
在船板的第3、4、6等舱都发现多处船体修补的痕迹，一般用较薄的方木板以铁钉和舱料加固和密封，长宽不一，显然该船废弃前已破漏不堪。

三号船船板直角同口

船板纵向采用直角同口加暗榫的工艺，
直口长一般为 14 厘米左右，最长达 20
厘米。

三号船粗肋骨

三号船的抱梁肋骨很有特点，采用粗肋、细肋相结合的方法，交错加固在舱板一侧或两侧；粗肋制作比较规整，并
有鱼鳞状的钩榫与船板横向勾连，肋骨与船板上下还有铁钉和木钉交错钉连。一般中间厚、两端薄，长 2.65～2.7、
宽 0.2 米左右，中间厚 0.04～0.28 米。

三号船隔舱板

隔舱板残存第3～6道。各道舱壁板较宽薄，并随船体弧形而设置，由首部、尾部向中部逐渐加宽。

三号船中桅座

中桅座松木，保存较好。顶长2.36、底长
1.65、宽0.51、高0.3米。两端有直口与
船板相扣，口长24、宽18、深6厘米。座
底有深凹槽与补强材相扣，槽口长0.6、高
0.18米。座顶中部有两舵夹孔，孔长25、
宽18、深6厘米。其与舱板、船板均有
铁钉钉连。舵夹内淤有松子、料珠、碎木
屑等。

三号船细肋骨

细肋不甚讲究，为或直或弯的圆木棍，均加固在补强材的一侧，最长的达 1.5～1.9 米，直径为 0.1 米左右。

三号船棕绳

二、三号船周围均发现棕绳及凌乱的碎棕丝，较长的棕绳有 4 根，分粗、中、细三种，其中粗棕绳 1 根，中棕绳 2 根。1 根中棕绳压在三号船尾部的船底淤泥中，残长 650、直径 6 厘米。粗棕绳压在三号船东部船底淤泥中，残长 960、直径 9 厘米；细棕绳与粗棕绳位置大致相同，残长 450、直径 3 厘米，这两根棕绳应系在一起，以拴系船锚。

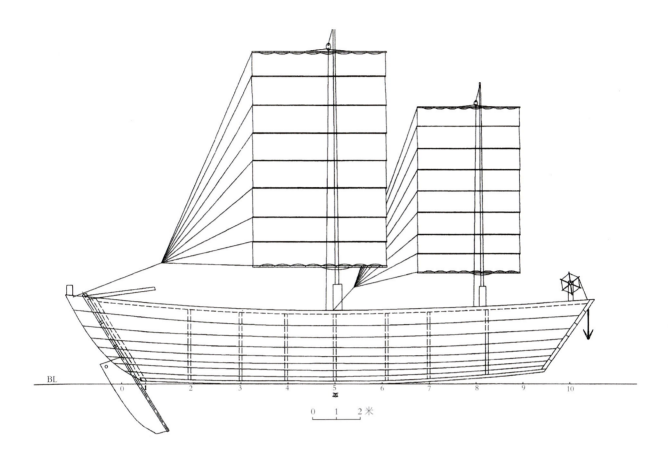

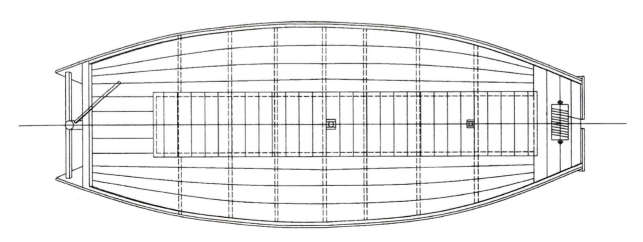

三号船复原图

三号船第3舱舱底

第3舱舱底有草、残木板和小量近滩牡蛎壳及一堆陶片、草绳等。

三号船第5舱舱底

第5舱舱底有草绳、石球。

三号船第 5 舱中桅座底

第 5 舱中桅座内有松子、料珠等。

三号船第 6 舱舱底

第 6 舱舱底遗有瓷瓶、瓷碗、牡蛎壳等。

三号船第6舱舱底

三号船第7舱舱底

第7舱舱底遗有瓷片、藤条、竹片等。

共出器物

三号船第 3 舱发现陶缸残片、灰瓦，第 4、5 舱中发现陶茧形壶、褐釉罐、青花小碗、青瓷碗、白瓷碗及茶叶末釉碗、石球、青砖，第 6 舱中发现酱釉瓶、朝鲜粉青沙器碗，第 7 舱发现白瓷碗 2 件，中桅座孔中还发现料珠。除此之外，第 3 舱舱底发现有草、残木板、牡蛎壳及草绳等，第 5 舱舱底有草绳、竹席和大量牡蛎壳及瓜子、草种，中桅座内淤积有松子，第 6 舱舱底有牡蛎壳，第 7 舱舱底残存藤条、竹片等。

褐釉罐（编号DB-1870）

明初

高27.2、口径10.6、底径14.1厘米

2005年小海清淤出土，位于三号船第4、5舱层淤泥中，现藏蓬莱古船博物馆

侈口、卷沿，双唇，短束颈，溜肩，斜直腹，大平底上凹。灰胎，褐釉。下腹拍印方格纹。

酱釉瓶（编号⑳：21）

元末明初

高19、口径4、底径5厘米

2005年小海清淤出土，位于三号船第6舱南部，现藏蓬莱古船博物馆

侈口，平沿，束颈，溜肩，腹微鼓，小平底。红褐色胎，酱釉。

青花小碗（编号⑰：16）

元末明初

残高2、足径4.1厘米

2005年小海清淤出土，位于三号船第4舱淤泥
中，现藏蓬莱古船博物馆

残留底部，器体较小。腹较浅，玉璧状圈
足，向内倾斜。白胎。沙底未施釉，有跳刀
痕。器内底饰变形蟠璃纹。

青瓷碗（编号⑳：7）

元末明初

口径16、足径5.8厘米

2005年小海清淤出土，位于三号船第5舱，现藏
蓬莱古船博物馆

敞口外撇，圆唇，微鼓腹，圈足较小，有鸡心
底。白胎，青釉泛黑，底未施釉。内底和外底
饰旋纹。

白瓷碗（编号⑳：18）

元末明初

高6.2、口径18.6、足径6.8厘米

2005年小海清淤出土，位于三号船第7舱底板下，现藏蓬莱古船博物馆

大敞口，圆唇，斜直腹微弧，玉璧状圈足较浅。器内施满釉，内心有褐色的涩圈，内沿及内底各有一周墨色弦纹，内壁还有随意抹的墨痕，器外未施釉。磁州窑系。

白瓷碗（编号⑳：24）

元末明初

残高6、口径19.7厘米

2005年小海清淤出土，位于三号船第7舱底板上，现藏蓬莱古船博物馆

敞口，圆唇，斜直腹。白胎，白釉。

白瓷碗（编号⑰：7）

元末明初

残高2.3、足径5.8厘米

2005年小海清淤出土，位于三号船第4舱，现藏蓬莱古船博物馆

内底较圆，玉环形圈足较高。胎白中显黄，内施白釉，足底无釉。

茶叶末釉碗（编号⑳：2）

元末明初

高5.8、口径17.2、足径6.7厘米

2005年小海清淤出土，位于三号船第5舱，现藏蓬莱古船博物馆

敞口，圆唇略尖，斜直腹微鼓，圈足。胎略红，茶叶末釉，内底有涩圈，施釉不及底。

朝鲜粉青沙器碗（编号⑳：20）

14~15世纪

高3.7、口径10.4、足径4.3厘米

2005年小海清淤出土，位于三号船第6隔舱板北部下，现藏蓬莱古船博物馆

敞口、尖圆唇，浅腹较直，平底，矮圈足。灰胎，灰胎较细，胎釉结合紧密，瓷化程度较高。粉青釉，通体施釉，内底嵌白色莲花，器内壁嵌白彩波浪纹，外腹嵌四道白彩弦纹，下又有一周深弦纹。

陶茧形壶（编号DB-1867）

元末明初

高27.3、口径9.5、通长45.7、宽26.2厘米

2005年小海清淤出土，位于三号船第4、5舱淤泥中，现藏蓬莱古船博物馆

夹砂灰陶，陶质较硬。器身呈茧形，小侈口，卷沿，圆唇，短束颈，茧形腹，一端器壁平直，一端为弧形，口稍偏于弧形一侧。器身满饰弦纹，弦纹之间有拍印网状纹，弧形一侧满饰同心弦纹。

石球（编号⑳：6）

元末明初

长径10.8、短径10.5厘米

2005年小海清淤出土，位于三号船第4舱北部底板上，现藏蓬莱古船博物馆

石灰岩琢制而成。大体呈扁圆形。

石球（编号⑳：14）

元末明初

长径11.4、短径10.5厘米

2005年小海清淤出土，位于三号船第5舱北部底板上，现藏蓬莱古船博物馆

砂岩琢制而成。长圆形。

料珠（编号⑩：12）

元末明初

粗端孔径0.5、细端孔径0.3厘米

2005年小海清淤出土，位于三号船中桅座北孔，现藏蓬莱古船博物馆

一端粗一端细，有中孔。残存一半。

青砖（编号⑰：19）

元末明初
残长22.4、残宽17、厚10厘米
2005年小海清淤出土，位于三号船第4、5舱淤
泥中，现藏蓬莱古船博物馆

泥质灰陶。方形，形体大而粗厚。

灰瓦（编号⑰：4）

元末明初
残长7.9、残宽6.5、厚2.1厘米
2005年小海清淤出土，位于三号船
第3舱淤泥中，现藏蓬莱古船博物馆

泥质灰陶。内壁印有布纹。

铁钉（编号⑨：7）

元末明初
残长9厘米
2005年小海清淤出土，位于二号船和三号船淤泥之间，
现藏蓬莱古船博物馆

长条形，顶端为尖头，已锈蚀、残断，横截面为长2
厘米的方形。

二、三号船船板之间的连接和加固均大量使用铁钉，
其中三号船相对少一些。连接的部位不同，铁钉的种
类也存在一定的差异，铁钉主要有铲钉、圆头形钉、
穿心钉等，二号船还有铁锔钉。铲钉通常一般在30厘
米左右，圆头形铁钉长一般在30～50厘米，最长的达
60厘米左右。

时代

三号船上下堆积中的遗物均为元末明初，因此三号船使用年代应在明代初年或元末明初，废弃时代应为明代初年。

功能

三号船船身比较宽短，从残存的翼板长度来推算，船底长17～18米，船底较平，应为平底船，船速相对较慢。三号船的用材均为油松。

三号船船板横向采用鱼鳞搭接技术，以木钉榫和铁钉加固；纵向以直角同孔加暗榫相连，龙骨与翼板用木栓相穿连，翼板与第一列板用木栓加固。各船板之间、龙骨与翼板、隔舱板之间、抱梁肋骨与船板之间等均用铁钉，主要是圆头形铁钉和枣核钉，只是不见铁铲钉和挂铁锏的工艺。宽扁船板企口搭接并用木榫加固的方法在福建泉州后渚港南宋古船[①]和浙江宁波市东门口宋代海船[②]中都有发现，为我国宋元时期造船技术特点。1976年在韩国全罗道新安郡发现的元代海船[③]，残长28、残宽6.8米，复原长34、宽11米。八舱，并装肋骨。尖底，方形龙骨。舷板单层，为槽舌状鱼鳞构造，新安船上出土的货签上有"至治三年(1323年)"款识，有人认为该船是元代中后期自福建起航的远洋货船，属于福船型[④]；有人根据铜制秤砣上的"庆元路"刻字认为是从庆元（宁波）出发的。该船长宽比与构造技术与三号古船相同。因此，三号船的制造、使用年代应为元末明初，与新安船同属海洋货船，可能属于福船型。目前发现的大型海船还不多，而且还有货船、战船混用的现象，因此，三号船的确切类型和功能，还有待更多发现予以判定。

三号船船体的修补之处较多，与一、二号船在造船技术、构造及船材上均有差别，可能是时代偏早及船只功能不同导致的。

① 泉州湾宋代海船发掘报告编写组：《泉州湾宋代海船发掘简报》，《文物》1975年第10期。
② 林士民：《宁波东门口码头遗址发掘报告》，《浙江省文物考古所学刊》，文物出版社，1981年。
③ （朝）尹武炳：《新安海底遗物的发掘及水中考古学的成果》，东京国立博物馆、中日新闻出版社，新安海底出土文物，1983年。
④ 王冠倬：《中国古船图谱》，生活·读书·新知三联书店，2001年。

四号船

结构

  蓬莱四号船残长 4.8、残宽 1.96 米，虽只剩四块底板，但船材十分粗壮，构造技术和用材与三号船比较接近。从结构和形制来推断，四块残板似为船舷的龙骨和翼板。龙骨残长 3.46、宽 0.2～0.44、厚 0.16～0.2 米，前端有两长方形插孔，可能是舵的

四号船

插孔，并与两侧翼板用宽大的长木栓相穿连。两侧翼板大小大致相同，残长约 4.8、宽 0.26 ~ 0.52、厚 0.1 ~ 0.22 米，外侧有长企口与船板相扣。

时代

四号船的制造和使用年代不详，可能与三号船相近。

蓬莱古船的制造和废弃

二号船所用木材绝大部分为油松，三号船所用木材除了小材料外，主要为北方所产油松，可见二、三号船存在北方制造的可能。《明史·河渠志四·运河下》海运条记载："嘉靖五年(1526 年)停登州造船"，显示明代朝廷的确在登州设有造船厂。蓬莱小海几次清淤都发现有船材，种属鉴定多为南方树种，这可能证明了蓬莱古港具有造船或者修理船只的功能。

关于船的沉没原因，发掘者做了推测。二、三号船皆位于小海的西南角，三号船船头向西，靠向岸边。二号船船头向东，应为倚岸停靠。在二号船北侧、三号船的上方，发现一个 9 米多的船材，截面边长 50 多厘米，在船材的西端有一拴绳用的榫孔，应为人们拴绳用船或人力向岸上牵引至此，以备造船或修船之用。因此，发现的船只应为在使用时停靠在岸边，或损坏后拖至岸边、停泊海湾内待修。

贰

运河篇

唐代诗人皮日休赞运河曰"尽道隋亡为此河,至今千里赖通波。若无水殿龙舟事,共禹论功不较多。"

自隋唐大运河贯通南北以来,运河成为维系中央王朝政治稳定的重要纽带。千百年来流淌的运河,为我们留下了丰富的运河文化遗产。山东段京杭大运河全长 570 千米,运河河道及船闸码头,散落了大量运河人家的生产、生活用品,运河内沉没的大量船只,是不同时期人们生活的缩影。山东菏泽、梁山等运河沉船中出土了大量生活用品,其中不乏精美文物,向世人昭示着古代运河人家的风华秋月。

6. 菏泽古船

　　2010 年 9 月 17 日，山东菏泽国贸中心建筑工地在修筑地基过程中发现一艘古代沉船，遂报告菏泽市文物事业管理处。山东省文物局责成山东省文物考古研究所牵头，联合菏泽市文物事业管理处和牡丹区文物管理所组成菏泽古船考古队进行了抢救性考古发掘，并于 2011 年 5 月将古船迁移保护至菏泽市博物馆。古沉船距菏泽市内的赵王河 1.5 千米，位于地表下 5 米，应是元明时期运河支流 —— 灉水上的沉船。

结构

　　船体残长 21、宽 4.82、高 1.8 米，船体由 12 道舱壁板分隔为 12 个船舱，船尾至尾封板为船尾虚梢，大小不等，在 0.45~1.8 米之间。这是山东省首次发现的保存最为完

菏泽古船发现之初

菏泽古船结构

菏泽古船发掘清理

菏泽古船尾空舱、第1~5号船舱

船舱内出土的四系罐 船底部发现的铁釜、陶瓶

整的元代内河古船。

菏泽古船倾倒于泥沙中，缺失左舷和舱上建筑，其余部位也有残损。船底和右舷扭曲、变形、开裂、撕裂严重；每个隔舱板均有保存，10 号隔舱板最为完整，其余保留 1~4 块不等，隔舱板底部与船底接触部分保存基本完整，其两边流水孔清晰；艍封板左侧残缺；尾舵除舵杆朽失外，整体结构清晰；桅杆座、压杠、承梁、铺板功能结构清晰。

共出器物

随古船出土的器物共有 200 多件，包括陶器、瓷器、漆器、玉石、玛瑙、石器、铁器、铜器、金饰等。典型器物有元代青花龙纹梅瓶、钧窑影青釉杯盏等，包括景德镇、龙泉窑、钧窑、磁州窑、哥窑等瓷系。

白地褐彩龙凤纹罐

元

高34.7、口径21.3、底径20.4厘米

2011年菏泽古船出土，现藏菏泽市博物馆

敛口，圆唇，短颈，丰肩，鼓腹，平底内凹。胎体较厚，器表施白釉，有棕眼，器内施酱釉。砂底有"火石红"。腹部绘褐彩龙凤祥云纹，龙头较小，颈细、体丰，扭颈回首，鬃须飘动，身细长如蛇，爪生三指，肘毛飘逸。凤眼较细，尖嘴下弯，细颈弯曲，体态丰满，展翅翱翔。

青花龙纹梅瓶

元

高42.5、口径6.3、底径14.6厘米

2011年菏泽古船出土，现藏菏泽市博物馆

小侈口，平沿，圆唇，短颈，耸肩，下腹斜收，近底部外撇。胎体厚重，手触能感觉到接胎痕。青白釉，釉色温润，底部施护胎釉。自上而下有三层主纹与三层卷草纹相隔。肩部饰如意云头纹，云头纹内绘缠枝菊花纹。腹部饰龙纹，头小、颈细、体丰。龙怒目圆睁，上唇翻尖，尖齿外露，扭颈回首，鬃须飘动。身细长，有细密鱼鳞纹。爪生三指，肘毛飘逸，龙周围祥云围绕。足部饰九个仰莲瓣纹，仰莲瓣纹内填以花卉滴珠纹。青花发色凝重，艳丽有晕散，色重处呈黑色结晶斑。

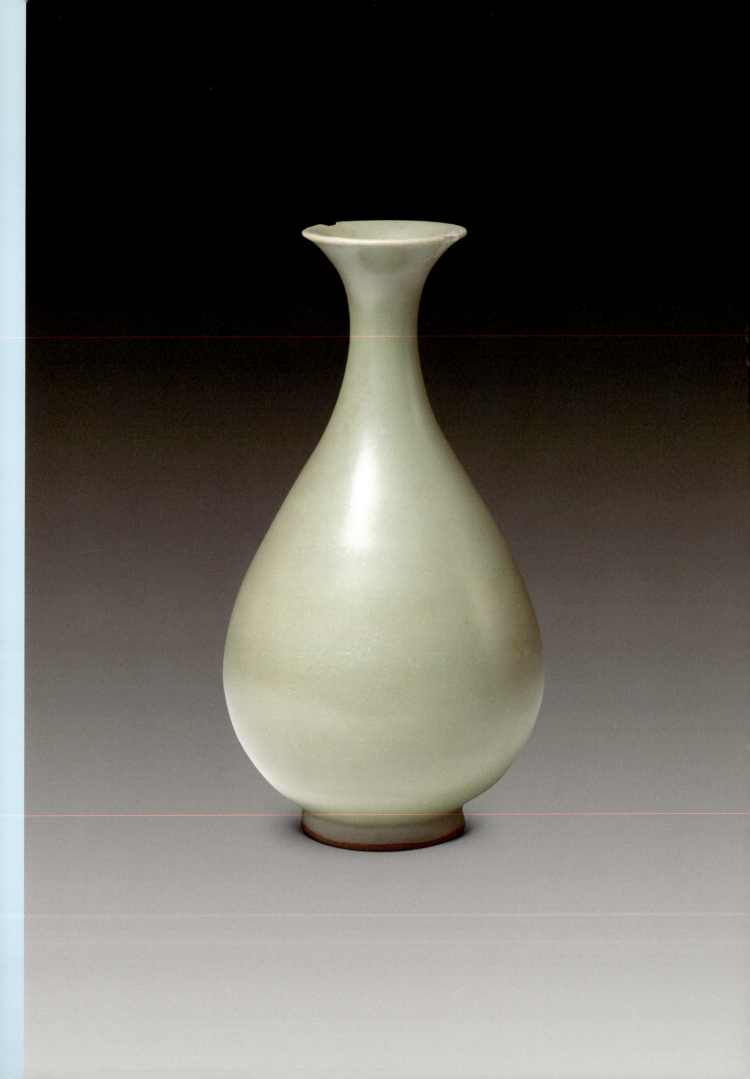

青瓷单耳杯

元

高4.1、口径7.6、足径4.7厘米

2011年菏泽古船出土,现藏菏泽市博物馆

敛口、弧腹,杯口一侧为如意云头纹把柄。青釉、砂底无
釉、釉较薄,可见胎体上的轮制痕。

青瓷玉壶春瓶

元

高27.6、口径7.5、足径7.7厘米

2011年菏泽古船出土,现藏菏泽市博物馆

敞口、弧腹,细长颈,溜肩,鼓腹,圈足。青釉,足内有一圈
刮釉,有"火石红"。为元代流行的玉壶春瓶式。釉色青翠温
润如玉。

青瓷印花牡丹纹盘

元

高5.7、口径33、足径21.5厘米

2011年菏泽古船出土，现藏菏泽市博物馆

花边口，弧壁菊瓣形腹，圈足。胎体厚重，通体施青釉，
釉色均匀，釉面光润。露胎处有"火石红"，盘心印有牡
丹纹。

白瓷刻花龙纹盘

元

高5、口径30.5、足径23.2厘米

2011年菏泽古船出土，现藏菏泽市博物馆

圆口、弧壁、圈足，涩底。胎体轻薄坚硬，釉色白中透青，刻线转角、折弯处聚釉较厚。盘心刻划龙纹，尖唇上翻，圆目鹿角，龙身有细密鱼鳞纹，爪生三指。

青花凤纹盘

元

高2、口径15.6、足径13厘米

2011年菏泽古船出土，现藏菏泽市博物馆

花口外侈、弧腹，平砂底。胎质细白，薄而均匀，釉色莹润。口沿处绘一圈卷草纹，盘内绘一凤纹，昂首展翅，凤纹周边是菊花满地，花朵丰满。

青瓷花口高足杯

元

高8.6、口径12.6、足径4.6厘米

2011年菏泽古船出土，现藏菏泽市博物馆

花口外侈，弧腹，下承高圈足，足底刀削痕迹明显。胎体稍厚重，通体施黄青釉。底心印有菊花纹。

青瓷菊花纹高足杯

元

高9.5、口径12.7、足径4厘米

2011年菏泽古船出土，现藏菏泽市博物馆

敞口，弧腹，圜底，喇叭状高足。胎体稍厚重，青釉，器壁施釉较薄，可以看出轮制胎痕迹，口沿内外均有流釉现象，足底刀削修整痕迹较明显。器内底印有菊花纹。

青白瓷堆塑龙纹高足杯

元

高11、口径12.8、足径4、柄高5厘米

2011年菏泽古船出土，现藏菏泽市博物馆。

口微外撇、弧腹、下承高圈足。足内中空。通体施卵白釉。足底刀削痕迹明显。外壁堆塑"二龙穿祥云"，双龙首尾相连、龙首较小、细颈、三爪、鬃须飘动，线条流畅，造型生动。

青花鱼藻纹高足碗

元

高11.5、口径17、足径6.5厘米

2011年菏泽古船出土，现藏菏泽市博物馆

敞口，圆唇，弧腹，下承竹节形高足，足中空。细白胎，通体施青白釉。内壁口沿饰一圈卷草纹，底心饰水藻鱼纹。外壁腹的上部绘缠枝莲花纹，下绘九个仰莲瓣纹。

玉荷叶洗子

元

高4、长11.3、宽10厘米，重156.9克

2011年菏泽古船出土，现藏菏泽市博物馆

和田青玉，造型为卷式荷叶形，洗口内敛，洗腔较大。外壁浮雕有叶脉，荷枝为底，并浮雕有一"俏色"莲蓬。整器琢磨圆润，雕刻生动，叶脉清晰逼真。

钧窑盏托

元

通高11.1厘米，盏高7.1、口径7.8厘米，托高
5.9、内口径6、外口径15.2厘米

2011年菏泽古船出土，现藏菏泽市博物馆

直口，弧腹，托盘敞口，中间盏座凸起，高
足较直。器身窑变呈天青色，口沿处微泛紫
褐色，釉层均匀、细腻。足内无釉，有"火
石红"色。足圈刀削修整痕迹明显。

穿绿松石金耳坠

元

通长4.2、通宽2.4厘米

耳坠呈"S"形，分为金饰、金针和绿松石三
部分。黄金托座采用捶揲工艺制成牡丹花叶
形，花叶上錾刻细长阴线叶脉。耳坠上下以
一根金针贯穿。金针上端弯曲成钩状，下端
焊接托座并洞穿一颗绿松石，末端呈盘绕花
蔓状。绿松石形状不规则，托座与绿松石结
合不紧密。

寿山石雕降龙罗汉

元
高8.5厘米，重155.2克
2011年菏泽古船出土，现藏菏泽市博物馆

石质呈黄色且细腻。罗汉头部右倾，头顶稍尖，面带微笑，高鼻、大眼，
双耳垂肩，右手在上，左手在下托钵，左侧雕龙。底部有一圆孔。

寿山石雕伏虎罗汉

元

高8.2厘米，重148.1克

2011年菏泽古船出土，现藏菏泽市博物馆

石质呈黄色且细腻。罗汉面部表情严肃，头顶较尖，鼻梁高耸，大耳垂肩，右手置于胸前，左手扶膝，虎蹲踞于右侧。底部有一圆孔。

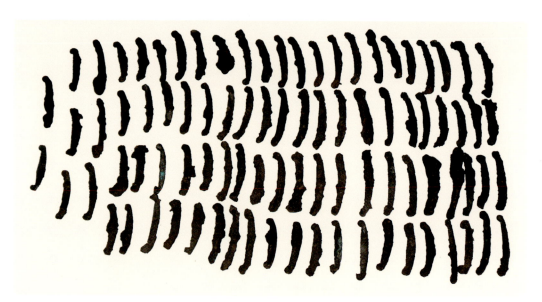

古船内出土的网坠

时代

古船及周围出土的遗物均属元代或元代以前，从出土遗物分析，该船沉没的年代应为元代。

功能

中国林业科学院木材工业研究所对船体材质进行鉴定，认为船外板和底板为杉木，隔舱板位置多为麻栎。

菏泽古船内出土文物的数量和精美程度令人惊叹，据此推断船的主人（或雇船者）应是富甲一方的商人或身居要职的达官贵人。根据出土情况，有关专家初步推定，一至二舱是船员休息的地方，出土有酒器等；三至七舱为货舱；八舱为主人休息的地方；九舱为就餐的舱，许多精美的文物大多出土于该舱内；十舱为厨房舱，出土大量炊具。船是遭到撞击后，船体破裂而沉没的。

7. 聊城古船

　　2002 年春，聊城市在对京杭大运河聊城市区段进行疏浚时，在河床东侧发现了一艘古代沉船残骸，具体位于现闸口（明清通济闸）北 100 米处的运河河道中[①]。聊城市文物局对古船进行了保护和抢救性发掘。古船附近堆积自上而下大致分为四层，第 1 层为黑淤土，厚 0.5 米，包含物较多，有近代砖、瓦、瓷片等；第 2 层为浅黑淤土，厚约 0.15 米，包含物多是明清瓷片；第 3 层为黄褐色土，也包含小淤层，发现有元代瓷片；第 4 层为黑色淤泥，包含物较少，该层较厚，因出水未知其厚度。古船位于第 3 层下。

聊城古船

---

① http://sd.sdnews.com.cn/sdgd/201311/t20131129_1439997.htm[聊城]元代沉船：打破七百年历史沉寂。

结构

古船已残,出土时船底朝上,船头向南,船头和两侧船帮上部、船尾挡板上部早年已残。在运河疏浚清淤过程中,挖掘机又损坏了该船部分船头,并将船的中间挖去约5米×4.5米的面积。聊城古船残存船底和部分船帮,整体呈长条状,残长16.2米。

从残留的船底木板上看出,古船两端窄中间宽,船头残宽2米,尾宽1.62米,古船中间宽2.8米,底长16.2米。古船现存八个舱,有七道横梁及横梁残迹,横梁宽0.15米,残高0.1米。整个船残存48块木板,两根圆木,其中船底板15块,两块为船东侧船帮下部,与船底相接,横梁4通,船尾挡板2块。船尾南约1米有5块木板,应是船尾板,船尾南部残留圆木2根。船底板残长16.2、宽0.185、厚0.045米,横梁残长2.55米。

残船板与板、横梁与底帮的连接均是铁钉铆合。底板之间由枣核钉连接。枣核钉为四棱形,中间宽,两端细尖,通长0.07米,每个钉的钉距为0.15米。横梁与船底和船帮之间是用下粗上细的四棱锥形钉加固,锥形钉顶上为圆形,直径0.07米,钉长0.12米,钉距为0.1米。

共出器物

随船出土瓷器43件,其中船底舱内出土了4件瓷器。

青瓷高足杯

元

残高6.8、足径3.4厘米

现藏聊城中国运河文化博物馆

弧腹,平底,喇叭形圈足,圈足表面有缺陷。白胎,龙泉窑系,青釉。

青瓷碗

元

高7.5、足径6.2厘米

现藏聊城中国运河文化博物馆

敞口微撇，方圆唇，斜弧腹，圈足。红胎，内外壁上部施釉。

酱釉韩瓶

元

高18.3、口径3.7、底径4.1厘米

现藏聊城中国运河文化博物馆

器身近似橄榄形。侈口，卷沿，方唇，唇面一周凹槽，溜肩，长弧腹，下腹斜收，小平底。灰褐胎，胎质粗糙，施一层薄釉，器身呈红褐色。下腹部有旋削纹，为制作痕迹。

酱釉韩瓶

元

高18.3、口径3.7、底径4.1厘米

现藏聊城中国运河文化博物馆

器身近似橄榄形。敛口，尖圆唇，短颈，颈中部出沿一周，溜肩，弧腹，下腹至底处斜收，平底。褐色胎，胎质较粗糙，器身施一层薄釉，呈红褐色。器身下部有旋削纹，为制作痕迹。

时代

聊城古船出土地点第3层发现元代瓷片，古船正位于第3层下。在船舱底部清理出土的4件瓷器，时代特征明确，均为元代之物。从这些情况来看，聊城古船属于元代。

这艘元代古船没有发现船帮，也没有发现桅杆，并且船底反扣。据此推测，聊城发现的这艘古船在未沉没之前，应该已经废弃。

功能

早在1975年，河北磁县出土了6艘运粮官船，其中一艘有元代"彰德分省粮船"字样。聊城古船虽已残损，但船底和结构基本保存，长条木板拼接成平底船底，两端另接挡板，系平底船，船体材质为杉木，具有元代运粮船的特征。聊城古船与磁县所出古船结构造型十分相似，发掘者认为，聊城发现的这艘古代沉船应该是一艘规模很大的元代官粮船。

大运河聊城段是元、明、清京杭大运河的重要一段，元至元二十六年（1289年）开凿，由安山到临清入漳卫河，全长125千米，这一段的开通，才使整个京杭大运河贯通，元世祖忽必烈钦赐"会通河"。由于该段高低落差大，不易存水，故建了十三座闸，又称为"闸河"。聊城的闸口，即为明代"通济闸"。通济闸南约100米即为大小两座码头，在码头附近有官驿街、八个会馆。其中保存下来的山陕会馆，现在是全国重点文物保护单位。元代开通的"会通河"，在通航中存在诸多问题，主要是水源不足且又分配不均，水闸设置也不合理，再就是黄河决口的侵扰，故而漕运常常受阻，该船即应是这一时期沉没的。

8. 梁山古船

梁山古船 1956 年出土于梁山县寿张集乡贾庄村林秭河（宋金河）故道[①]，船身细长，俯视呈柳叶形，现藏于山东博物馆。

结构

船全长 21.8 米。面宽：头部 1.9 米，中部 3.44 米，尾部 1.56 米。底宽：头部 1.4 米，中部 1 米，尾部 1.08 米。入舱上口：最宽 1.8 米，最窄 1.15 米。舱最深 1.4 米，最浅 0.85

梁山古船

---

① 刘芳桂：《山东梁山县发现的明初兵船》，《文物参考资料》1958年第2期。

米。船体无龙骨，共有 13 个大小相同的舱，舱门方形，各舱相通；第 3、7 舱各残余一桅杆，前者高 1.7 米，直径 0.3 米；后者高 1.3 米，直径 0.36 米，均为正方形，左右用高 0.45 米的木板夹住。靠近桅杆的前一舱有方门与装桅杆的舱相连，可能为放桅方便的缘故。

每个舱内都有活板，并放有铁刀及其他兵器、日用品等，第一舱内放置一不用的残锚。

共出器物

梁山古船出土时身向东倾斜，舱内器物都在舱的东面，共 174 件 43 种，可分铜、铁、瓷、木、陶、骨、料器数类；计有兵器、马具、军用工具、生活用具等，以军用工具为主。其中铜器均红铜质地。这批遗物中的生活用具均较轻便，适宜行军或旅行之用；有些与现在还使用的东西很相似。

梁山古船

青瓷碗（编号MC32：青釉瓷碗1）

明

高7、口径17.5、足径6厘米

现藏山东博物馆

敞口外撇，尖圆唇，弧腹，平底，圈足较矮，足缘有削。灰胎，胎质致密，器身遍施青釉，釉色莹润。

青瓷高足杯（编号MC33：青釉瓷高足杯1）

明

高9、口径12.3、足径4厘米

现藏山东博物馆

敞口微外撇，尖圆唇，弧腹，平底，高圈足外撇，足缘有削。灰胎，青釉。

酱釉四系韩瓶（编号MC34：青釉四鼻瓶1）

明

高31.5、口径6、底径7.6厘米

现藏山东博物馆

器身近似橄榄形，器形较大。敛口，尖唇，短颈，颈中部出沿一周，斜肩，直腹，下腹至底处斜收，小平底。肩上四个竖桥形系。粗灰胎，通体施酱釉。器身里外均有明显旋削纹，为制作痕迹。

酱釉韩瓶（编号MC35：瓷瓶6）

明

高24.8、口径4.5、底径5.5厘米

现藏山东博物馆

器身近似橄榄形。敛口，尖圆唇，短颈，颈中部出沿一周，溜肩，弧腹，下腹至底处斜收，平底。褐色胎，胎质较粗糙，器身施一层薄釉，呈红褐色。器身下部有旋削纹，为制作痕迹。

陶碗（编号MC37：灰陶碗1）

明
高7.4、口径18.5、足径6.9厘米
现藏山东博物馆

泥质灰陶。敞口微内敛，圆唇，斜弧腹，平
底，圈足较矮。

漆瓢（编号MC30：漆军用勺1）

明
高5.9、口径12～12.5厘米
现藏山东博物馆

形如葫芦瓢，在柄端有一小圆铁环。

铜铳筒（编号MC2：铳1）

明

长43.8、口径2.15厘米

现藏山东博物馆

铳体左右有明显的范铸痕迹，为直筒式管状手持铳，从铳口到銎尾呈细长削瘦的体态。整体分四部分，包括铳口、铳筒、药室和铳座，上有加固箍五道。器身上刻"杭州护卫教师吴住孙习举□王宦音保铳筒"，左刻"重三斤七两洪武十年月日造"等铭文。

铜盆（编号MC3：盆1）

明

高9.5、口径51.9厘米

现藏山东博物馆

敞口，平折沿，弧腹，平底，底部有极矮的三足。腰中部一周突带纹。与现代的盆非常相似，器壁较同船其他用具厚。

铜锅（编号MC4：锅1）

明

高20、口径27厘米

现藏山东博物馆

侈口，折沿，沿外侧一周凹槽，圆唇，束颈，
扁圆腹，平底。有两个对称的把手。

铜锅（编号MC4：锅2）

明

高15.5、口径32厘米

现藏山东博物馆

敞口，平折沿，沿缘内卷，半球形腹。
沿缘有对称的把手。

铜锅（编号MC4：锅3）

明

高22、口径31厘米

现藏山东博物馆

侈口，卷沿，圆唇，束颈，扁圆垂腹，圜底。肩部有两个对称的把手。

铜锅（编号MC4：锅4）

明

高9.8、口径33厘米

现藏山东博物馆

敞口，沿外卷，直腹，圜底。腹中部有两个对称的环耳。

铜壶（编号MC4：壶1）

明

高9、底径8.8厘米

现藏山东博物馆

敛口，扁圆腹，长条形把手。圆形盖，盖正中有一提手，饰柿蒂形纽座。流残。

洪武通宝铜钱（编号MC24：铜钱1）

明

直径2.3厘米

现藏山东博物馆

钱文均为楷书，直读，穿上有一"浙"字。船上发现铜钱4枚，包括皇宋通宝1枚、大观通宝1枚、洪武通宝2枚，其中一枚背有"浙"字。

铁锚（编号MC5：锚1-1）

明

总长160.36厘米

现藏山东博物馆

四爪铁锚，棱锥状爪，上下各有一只铁环，保存较好。锚上刻有"甲字五百六十号八十五斤洪武五年造 □字一千三十九号八十五斤重"铭文。

铁刀（编号MC6：刀1）

明

通长90、宽3.7厘米

现藏山东博物馆

整体细长，木柄向下弯曲，刀身上扬，刀格呈十字形，有锷。刃很锋利。

铁刀（编号MC6：刀4）

明

通长88.2、宽3.6厘米

现藏山东博物馆

器身细长，笔直，无格，刀尖略圆，柄端弯曲成圆环，穿有两个小铁环。

铁刀（编号MC8：铡刀1）

明

通长48.3、宽8.5、銎长10.5、銎径3.7厘米

现藏山东博物馆

无底槽，刀头有孔，用以固定刀头，上下提压，刀身近头端及刀把均有凹槽，刀把为铁片卷曲而成。

木柄小铁刀（编号MC22：小铁刀1）

明

长36.5、宽2.9厘米

现藏山东博物馆

器身细长，直背，刃微凹，无格，木柄。与明
代小刀形制基本一致。

铁镰刀（编号MC7：镰刀1）

明

长22.6、刀刃宽6.5、銎径3厘米

现藏山东博物馆

整体呈新月形，凹背凹刃。与近现代镰刀
形制基本一致。

铁剑（编号MC6：剑1）

明

残长76.6、剑格宽8.1、剑刃宽4.6厘米

现藏山东博物馆

器身细长，剑格呈弯月形，上有圆形榫卯，应为
连接柄部之用。剑柄缺失，刃部局部残损。

铁镞（编号MC23：铁箭镞3）

明

长13.3、锋宽2.6、铤残长5.5厘米

现藏山东博物馆

镞身扁平，呈菱形，有铤，已残。

铁矛头（编号MC21：铁矛头1）

明

长41.7、銎径3.1厘米

现藏山东博物馆

器身细长，矛头呈柳叶形。

铁镞（编号MC23：铁箭镞4）

明

长8.2、锋宽2.3、铤残长1.1厘米

现藏山东博物馆

镞身呈菱形，中脊较厚，有铤，已残。

铁镞（编号MC23：铁箭镞2）

明

长12.2、锋宽3.6、铤残长3.4厘米

现藏山东博物馆

镞身呈菱形，前头较窄，有铤，已残。

铁镞（编号MC23：铁箭镞6）

明

长15.6、锋宽0.9、铤残长9.2厘米

现藏山东博物馆

器身瘦长，呈圆锥形，中部微收，长铤，已残。

铁镞（编号MC23：铁箭镞5）

明

长12.5、两翼间宽1.6、铤残长2.8厘米

现藏山东博物馆

器身瘦长，两翼形状呈三角形，翼较长，与中脊之间夹角较小，铤前段较粗，后端较细，尾端残。

铁镞（编号MC23：铁箭镞7）

明

残长7.1、锋宽1.2厘米

现藏山东博物馆

器身呈柳叶形，后段呈圆柱形，有铤，已残。

铁盔（编号MC29：铁盔1）

明

通高18.3、直径18.8、檐宽7厘米

现藏山东博物馆

笠形盔，盔体呈八棱锥体，盔檐较宽。

铁盔（编号MC29：铁盔4）

明

通高16.2、直径19.4厘米

现藏山东博物馆

圆锥形，一侧有月牙形檐，盔顶有珠。局部有锈蚀。

铁马镫（编号MC20：铁马镫3）

明

通高15.5、宽6.5厘米

现藏山东博物馆

马镫秤形，镫底较平，有镂孔花纹，镫顶方孔带穿。

铁衔（编号MC19：铁马衔2）

明

通长50.1、两环端间距29厘米

现藏山东博物馆

形制较复杂，除衔本体外，连接衔的圆环上还铸连有花朵装饰，并有连镳头的零件。

铁衔（编号MC19：铁马衔1）

明

通长26.5厘米

现藏山东博物馆

形制较简单，由衔及连接衔与镳头的圆环组成，铁条弯成，使用灵活。

铁马刷（编号MC18∶铁马刷1）

明

长15.5、头宽12厘米

现藏山东博物馆

刷头较宽。

铁锥子（编号MC13∶铁锥1）

明

长10.9、环径3.5厘米

现藏山东博物馆

由铁条弯成，上端近圆环状，锥尖尖锐。

铁锯（编号MC9∶铁锯1）

明

长97厘米

现藏山东博物馆

整体呈长条形，一端残，另一端有圆角
方形把手，与现代木匠所用大锯形制基
本一致。

铁锉（编号MC14∶铁木锉1）

明

通长29.9厘米

现藏山东博物馆

整体呈梭形。

铁泥板（编号MC10：泥板1）

明

长21.8、宽6.4、把手高5.5厘米

现藏山东博物馆

泥板整体呈长条片状，前端弧形，后端方形，上有两片铁片用以连接把手，把手应为木质，已朽。与现代泥板形制基本一致。

铁起子（编号MC11：铁起子1）

明

长40.5、头宽3厘米

现藏山东博物馆

整体呈长柱状，前端分岔，弯曲呈羊角状。与现代铁起子形制基本一致。

铁斧头（编号MC15：铁斧1）

明

长14.5、宽6.5厘米

现藏山东博物馆

管銎，刃呈扇形，木柄已无。与现代铁斧头形制基本一致。

铁剪刀（编号MC14：铁剪1）

明

长20厘米

现藏山东博物馆

与现在用的剪刀相同。

铁铲（编号MC27：铁铲1）

明

长12、宽7.5厘米

现藏山东博物馆

方肩，铲身呈长方形，刃微凸，銎残。
与现代小铲形制基本一致。

铁锹（编号MC17：铁锹1）

明

长29.8、宽13.5厘米

现藏山东博物馆

长圆銎，圆肩，铲身呈长方形，微凹，刃
微凹。与现代小铲形制基本一致。

铁熨铁（编号MC12：熨铁1）

明

长39、头长12、宽3.5厘米

现藏山东博物馆

整体呈勺形。

铁锁（编号MC25：铁锁1）

明

通长10、宽3.8厘米

现藏山东博物馆

锁整体呈桶形，两端较细，有匙。与现代铁锁形制基本一致。

铁锸（编号MC16：铁锸1）

明

长22、宽7.5厘米

现藏山东博物馆

短管銎，锸身呈长条形，平刃。与现代铁锸形制基本一致。

铁灯碗（编号MC26：铁灯碗1）

明

高3、直径9.5厘米

现藏山东博物馆

敞口，口沿一侧突出近舌形，弧腹，平底。

磨石（编号MC31：磨石1）

明

长32.4、宽8、厚4厘米

现藏山东博物馆

整体呈长条形。

骨尺（编号MC38：骨尺1）

明

长31.8、宽2.8厘米

现藏山东博物馆

长条形，表面刻划刻度。骨尺长一尺，
分十寸，寸又分十分。

木马鞍（编号MC30：木马鞍1）

明

高5.6、通长37、残宽24厘米

现藏山东博物馆

木质，上涂很厚的漆，残剩一部分。

料珠（编号MC39：料珠1）

明

最大珠直径2.4厘米，扁珠长2.6、宽1厘米，
小珠直径1.3厘米

现藏山东博物馆

料珠有圆形、扁圆形。

时代

根据锚上"洪武五年造"铭文，铳筒上"杭州护卫教师 …… 洪武十年月日造"等字样，以及船上发现的"洪武通宝"铜钱，可以推测船是明代洪武初年制造的，因没有后期遗物，故大抵也沉没于洪武时。

功能

梁山古船整体瘦长，呈柳叶形。已发现的沉船中，多以杉木作为主要造船材料，因其轻软耐腐，可以减轻船的自重，延长使用寿命，但这些船只大多以较硬重的木材如松、樟、榆、榉等做龙骨和桅杆，以增强船的抗风浪能力，更好地利用风能提高航速。古船通体用杉木，两舷及船底用整株杉木叠成，杉木枝梢削切不整，似应专门为内河航运而设计建造。古船甲板边板上又重叠倒梯形大橹，与常船大橹构成船舷的一部分不同。甲板上由甲板纵桁、大橹组成强力的纵通构件，在船舶承受纵向弯曲力矩时有效保证船舶强度[1]。

---

[1] 冯广平等：《山东梁山明代沉船木材类型及其漕运指示意义》，《科学通报》2013年第58卷增刊I；顿贺等：《对明代梁山古船的测绘及研究》，《武汉交通科技大学学报》1998年第22卷第3期。

9. 鄄城古船

鄄城古船位于鄄城县凤凰镇郝堂村西 350 米，箕山河西岸，西距县城 6 千米。2013年在德商高速公路取土场内发现。

古船距地表 2.8～4 米，属于古箕山河道的沉船。船体呈东北 — 西南方向。该船发现后遭工程施工及群众的破坏，仅残存三分之一，构件散落分布宽度约 6 米。

结构

古船在施工过程中遭受严重破坏，仅残存船首、船舷等少部分。该船倾覆于古河道底部，船首距地表较浅。东部船舷残长约 9.5 米。船尾及船身绝大部分遭破坏，但船的基本结构较为明晰。古船由船首、舱口、甲板、船舷、船舱组成。船的各个部位皆平口对接，由船钉、锔钉扣连而成。

古船船首方向北偏东 42°。据残存部位分析，船体中间宽两端窄，方首，平底，两端上翘。船外板宽 2.7 米，船内高 0.74 米，通高 0.78 米。

船首长 2.78 米。舶封板宽 1.62～1.92、厚 0.04 米，共有 13 块板组成，板与板之间平口对接，由船钉相互交错钉成，板缝隙由舱料充填，以防漏水。舶封板之间又用锔

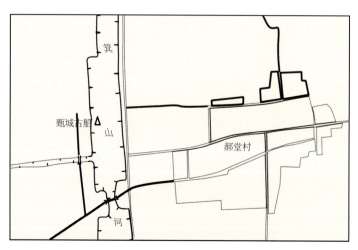

甄城古船平面位置示意图

甄城古船（东—西）

甄城古船船首（西—东）

钉铆合，艄封板底部有三道纵向的锔钉。艄封板两侧是用船钉与船连接，中间与南北纵向加强筋连接。艄封板南端与船底连接。艄封板内侧中间加强筋形状呈弓形，长2.2、宽0.06、高0.12米。在加强筋的北端与前横梁板连接。前艄板、横梁板两端与船外板用船钉平口对接，板宽1.77~2.02、高0.22米。横梁板上部中间有一条长42厘米的凹槽，槽深4厘米，板两端呈弧形；在船首前部两侧分别各有一条加强筋附于船头两侧，长1.1、厚0.04、宽0.04~0.1米，上端连接船舷，下端与船首板相连，起到加强和保护船前端，防止船首位置遭碰撞破坏。

　　舱口位于船两侧，与甲板内侧用船钉连接，东侧保存较长，西侧较短。甲板位于船两侧，内侧与舱口相连接，下部与船舷用船钉相互交错连接，并用锔钉锔连，缝隙间用舱料填充。甲板内侧稍高于外侧。船舷位于船两侧，船舷上部连接甲板，下部连接船身，连接处用船钉相互交错平口连接，外侧和内侧都有锔钉、船钉。

　　船舱，根据现存船舱及船舷钉眼痕迹判断，应有船舱五个，其中第三、四、五舱破坏极其严重，第一节船舱保存相对完整，位于船首的南部，与船首相连接。隔舱板长2.02、高0.6、厚0.04米。隔舱板两端形状呈弧形，连接船身；隔舱板下部连接船底部。板上部有一凹槽，宽12、深4厘米。船舱长1.3、宽2.05米。

郓城古船铜钉

共出器物

　　鄄城古船虽大部分被破坏，但在清理过程中也发现一些遗物，包括铁灯、铁质竹篙头、铜秤盘、玉烟嘴、铜钱以及大量的船钉和铜钉。船钉长度一般为8~12厘米，铜钉长度一般为8~20厘米。

铁灯

清

通高11.6、口径8.9、底径5.8厘米

发现于船前首内，东部甲板下部，南距第一隔舱板约0.8米，现藏鄄城县中国鲁锦博物馆

敞口，口沿一侧突出近舌形，口沿内侧有一周沟槽，弧腹，平底。

铁竹篙头

清

口径4.5、通长15厘米

位于船舱第一隔舱板1.1米处，现藏鄄城县中国鲁锦博物馆

中部一侧附带倒钩（已残）。

铜钱

清

直径2.2~2.4厘米

现藏鄄城县中国鲁锦博物馆

12枚，分别为康熙、嘉庆、道光通宝。

玉烟嘴

清

直径1.2、通长5.6厘米

现藏鄄城县中国鲁锦博物馆

整体呈管状，小口，唇缘凸
出，细长颈，微残。

铜秤盘

清

直径26厘米

现藏鄄城县中国鲁锦博物馆

盘沿均匀分布三个圆环,为系绳链之用。

时代

根据清理发掘出的康熙通宝、乾隆通宝、嘉庆通宝、道光通宝铜钱分析,鄄城郝堂古船的年代应不晚于清代道光年间。

功能

从出土环境来看,鄄城古船位于古箕山河道内,箕山河在明末清初称小流河,属于黄河分水泄洪的支流,丰水季可通航。清代因黄河数次泛滥被淤平,后开挖成古箕山河,道光时期再次被淤平。

从造船技术工艺来看,该船属于一艘平首船,舱口可能安置有船篷,残存五舱,吃水较浅,可能为一艘渔船,也可适于摆渡。该船铜钉船板的特点充分体现了北方内河流域清末民间造船工艺。该船的发现不仅为明清时期民间造船工艺提供了珍贵资料,也为菏泽地区古河道的演变研究提供了重要实物证据。

下编

出水文物

壹 新石器时代

　　考古学家在对史前文化研究时发现，距今1万年前山东的细石器就对朝鲜半岛、日本列岛有重要的影响；距今9500～7500年的后李文化的陶器也与这些岛屿上的发现有惊人的相似；山东庙岛群岛上，大汶口文化、龙山文化发展序列与内陆同步；山东地区的史前文化与东北地区史前文化交流频繁。种种迹象表明，早在史前时期，山东内陆与庙岛群岛、东北、朝鲜半岛、日本列岛之间就有不同的航线。渤海、黄海出水的新石器时代的陶器，应是航行在各条航线上史前船家的遗存。

1. 陶鬶（编号DB-597）

龙山文化

残高24厘米

1990年于水城村王培德征集，登州水道打捞，现藏蓬莱古船博物馆

夹砂红陶。束颈，近球腹，锥状足，有流及把手。流口残缺，一足尖残缺。素面。器身覆盖海洋生物。

2. 陶鬶（编号北隍城001）

新石器时代晚期

残高23.5厘米

北隍城北水域出水，现藏长岛县博物馆

夹砂红褐陶，器表浅灰色。口部有流，束颈，长腹，腹部有把手，下有三锥状袋足，足较长微外撇。把手、流口残缺。器形较规整。素面。

3. 陶罐形鼎（编号DB-765）

龙山文化

高13.5、口径19厘米

征集，现藏蓬莱古船博物馆

夹砂灰陶。敞口，宽折沿，方圆唇，鼓
腹，圜底，矮锥状足。足部微残。素面。

4. 陶鼎（编号R01167）

新石器时代

残高10、口径10.5、底径7厘米

蓬莱海域出水，烟台市博物馆征集，现藏烟台市
博物馆

夹砂灰陶。侈口，折沿，尖唇，溜肩，鼓腹，
平底。三足脱落。素面。

5. 陶鬲（编号大钦岛东001）

新石器时代晚期

高24.7、口径14.6厘米

大钦岛东村水域出水，现藏长岛县博物馆

夹砂灰陶，器表浅灰色。大敞口，圆唇、束颈、弧腹、束腰，长锥状袋足，足长外撇。器形较规整。腰上一周附加堆纹。外表有附着海洋生物的痕迹。

6. 陶鬲（编号R1075）

龙山文化

残高25厘米

蓬莱海域出水，烟台市博物馆征集，现藏烟台市博物馆

夹砂红陶，局部黑色。束腰，长乳状袋足，足长外撇，实足尖近无。甑部残缺。腰部有一周附加堆纹。

7. 三足陶罐（编号R01113）

新石器时代

高13、口径11.5、底径8厘米

蓬莱海域出水，烟台市博物馆征集，现藏烟台市博物馆

夹砂灰陶，局部黑色。微侈口，卷沿，尖圆唇，近球腹，平底，底部有三个短扁足。素面。

8. 陶罐（编号R01095）

新石器时代

高11.5、口径9.3、底径8.5厘米

蓬莱海域出水，烟台市博物馆征集，现藏烟台市博物馆

泥质灰陶，局部灰黑色。直口，圆唇，溜肩，鼓腹，平底。素面。

9. 陶罐（编号R01098）

新石器时代

高8.7、口径7.7、底径3.5厘米

蓬莱海域出水，烟台市博物馆征集，现藏烟台市博物馆

夹砂红陶。侈口，卷沿，圆唇，弧腹，平底。底部有一洞，为烧前制作。素面。

10. 陶罐（编号R01106）

新石器时代

高8.8、口径9.2、底径5.5~6厘米

蓬莱海域出水，烟台市博物馆征集，现藏烟台市博物馆

夹砂灰陶，局部经火烧呈黑色。侈口，卷沿，沿内一周凹槽，尖圆唇，鼓腹，平底。素面。

11. 陶罐（编号DB-658）

龙山文化

高24.3、口径16.5、底径9.1厘米

登州水道打捞，征集，现藏蓬莱古船博物馆

夹砂红陶。直口，圆唇，直颈，耸肩，下腹弧收，近底部壁近竖直，小平底。颈部、颈肩交界处各有一周凹弦纹，肩部有泥点纹，肩腹部有五组凹弦纹，泥点均已脱落。

12. 陶钵（编号R01438）

龙山文化

高5.8、口径12.1、底径5厘米

蓬莱海域出水，烟台市博物馆征集，现藏烟台市博物馆

泥质黑陶。大敞口，宽斜折沿，尖唇，腹中部竖直，下腹折收，小平底。素面。

13. 陶盆（编号R01069）

新石器时代

高10.5、口径29.5、底径17.5厘米

蓬莱海域出水，烟台市博物馆征集，现藏烟
台市博物馆

泥质灰陶。敞口，宽折沿，近沿内凹，尖圆
唇，唇口突出，斜直腹，平底。素面。

14. 石斧（编号R01439）

新石器时代

刃长7.5、通长7、厚2.3厘米

蓬莱海域出水，烟台市博物馆征集，现藏烟台市
博物馆

石灰岩，磨制。整体略呈长方形，弧顶，横断
面为圆角长方形，两面斜刃。

15. 石刀（编号R01442）

新石器时代
残长8、宽5、厚1厘米
蓬莱海域出水，烟台市博物馆征集，现藏烟
台市博物馆

石质，磨制。残损严重。平面呈梭形，弧背
弧刃。

16. 石刀（编号R01443）

新石器时代
残长7.5、宽4.8、厚0.7厘米
蓬莱海域出水，烟台市博物馆征集，现藏烟台市
博物馆

砂岩质。仅存一半。平面略呈半圆形，弧背直
刃，有双孔，两面对钻。

17. 石刀（编号R01444）

新石器时代
残长8.5、宽5.3、厚1厘米
蓬莱海域出水，烟台市博物馆征集，现藏烟台
市博物馆

砂岩质。仅存一半。平面略呈半圆形，弧背直
刃，有双孔，两面对钻。

贰

三代

夏商时期，海岱地区的文化主要是东夷文化。商代中晚期，尽管在渤海西岸建立了一些以盐业生产为目的的居住点，但其生产的海盐主要通过内水运往中原。从海岱地区出水文物看，主要是岳石文化和珍珠门文化的遗物，因此，当时在海上弄潮的还是东夷人，所谓"相土烈烈，海外有截"（《诗经·商颂·长发》)在出水文物中还没有体现。西周以来，周王朝在海岱地区分封了齐、鲁、莒、薛等大大小小的封国，其中齐国依靠渤海，经营黄海，出水两周文物大多属于齐国风格可以说明齐国对海洋的经营。据文献记载，齐国还建立了水师，于公元前485年与吴国在琅琊台附近进行了中国第一次海战。可惜我们至今还没有发现此次海战的遗存，只能在琅琊台上凭吊秦始皇派徐福东渡的遗迹。

1. 铜簋（编号黑山南砣子001）

西周时期

黑山南砣子水域出水，现藏长岛县博物馆

残高9.9、口径11.5、底径8.6厘米

侈口，卷沿，圆唇，束颈，圆垂腹，圜底近平，高圈足，圈足下部曲折垂直。腹侧有一对把手。近口沿处饰兽头，附饰垂珥。腹部饰两组浅浮雕宽大兽面纹，圈足以云雷纹为地，上饰蛇纹，圈足内器底施以菱形加强筋，垂珥饰阴刻纹饰。器底有字，不清。

2. 陶甗（编号砣矶以东001）

岳石文化

残高27.5、腹径17厘米

1989年大钦岛海域打捞，现藏长岛县博物馆

夹砂红陶，器表呈红色，局部呈黑色。甗部下腹弧收，束腰，鼓腹，锥状袋足。甗上部残。素面。器表有附着海洋生物的痕迹。

3. 陶鬲（编号DB-662）

珍珠门文化

残高30.1厘米

登州水道打捞，征集，现藏蓬莱古船博物馆

夹砂红陶，局部黑色。束腰，鼓腹，锥状袋足，实足尖近无。甗部及一足残缺。素面。

4. 陶鬲（编号DB-580）

珍珠门文化

残高30厘米

登州水道打捞，征集，现藏蓬莱古船博物馆

夹砂红陶。束腰，长乳状袋足，足长外撇，实足尖较短。甗部残缺。素面。

5.陶鼎（编号DB-570）

岳石文化
残高18、腹径16厘米
蓬莱水道打捞，征集，现藏蓬莱古船博物馆

夹砂灰陶，颜色斑驳。侈口，卷沿，颈部一周
出沿，圆唇，束颈，溜肩，球腹，圜底，短凿
形足。口沿局部残损，两足残断。

6.陶鬲（编号R01128）

商
高21、口径16厘米
蓬莱海域出水，烟台市博物馆征集，现藏烟台市
博物馆

夹砂红陶。敛口，方唇，无颈，鼓腹，微瘪
裆，锥形足。素面。

7.陶鬲（编号R01074）

商

高19.5～20.5、口径18.3厘米

蓬莱海域出水，烟台市博物馆征集，现藏烟台市博物馆

夹砂夹蚌壳红陶，肩部局部黑色。侈口，折沿，方唇，溜肩，鼓腹，微瘪裆，裆较浅，锥状足。素面。

8.陶罐（编号DB-638）

岳石文化

高17、口径16.1、底径8.9厘米

登州水道打捞，征集，现藏蓬莱古船博物馆

夹砂红陶。侈口，宽卷沿，圆唇，束颈，溜肩，鼓腹，下腹斜收，平底上凹。腹中部有数周凹弦纹。器身附着海洋生物。

9. 陶罐（编号DB-599）

岳石文化

高18.7、口径17.5、底径10厘米

登州水道打捞，征集，现藏蓬莱古船博物馆

夹砂红陶。侈口，卷沿，尖圆唇，束颈，溜肩，鼓腹，下腹斜收，平底上凹。颈部一周凸棱，腹中部有数周凹弦纹及两组共四枚泥点纹，腹最下部一周凸棱。

10. 陶罐（编号R01148）

商

高20.2、口径16.5、底径13厘米

蓬莱海域出水，烟台市博物馆征集，现藏烟台市博物馆

泥质灰陶，局部黑、褐色。侈口，宽沿，圆唇，束颈，鼓腹，平底。素面。

11. 陶罐（编号R01136）

商

高26.5、口径15、底径10厘米

蓬莱海域出水，烟台市博物馆征集，现藏烟台市博物馆

夹砂红褐陶。侈口、折沿，沿下肩部饰一对竖耳，圆唇，溜肩，弧腹，下腹斜收，平底。口沿内侧及肩部饰数周凹弦纹，腹部有拍印痕迹。

12. 陶罐（编号R01134）

商

高52、口径17、底径9厘米

蓬莱海域出水，烟台市博物馆征集，现藏烟台市博物馆

夹砂灰陶。碗形口，折沿，圆唇，溜肩，鼓腹，腹中部一堆贯耳，下腹斜收，小平底。口沿下有数周凹弦纹，肩部刻划网格纹。

13. 陶罐（编号R01168）

商

残高10、底径7厘米

蓬莱海域出水，烟台市博物馆征集，现藏烟台市博物馆

夹砂红陶。鼓腹，下腹近底处壁近竖直，平底上凹。上部残缺。素面。

14. 陶罐（编号R01190）

商

残高41、底径11.5厘米

蓬莱海域出水，烟台市博物馆征集，现藏烟台市博物馆

夹粗砂红陶，外层黑色。直颈，溜肩，球腹，小平底。颈部一周凸棱，腹中部两周凸棱。口部残缺。

15. 陶罐（编号R01115）

商

高5.3、口径5、底径4.5厘米

蓬莱海域出水，烟台市博物馆征集，现藏烟台市博物馆

夹砂红陶。敛口，圆唇，直腹，平底，腹中部有两个穿孔。器形较小。素面。

16. 陶罐（编号R01482）

周

高35.3、口径18、底径10.5厘米

蓬莱海域出水，烟台市博物馆征集，现藏烟台市博物馆

夹砂红陶。器形较大。侈口，折沿，圆唇，溜肩，鼓腹，下腹斜收，小平底。口沿内侧及肩部有数周凹弦纹。

17. 陶罐（编号R01139）

周

高24.8、口径16.5、底径10厘米

蓬莱海域出水，烟台市博物馆征集，现藏烟台市博物馆

夹砂红陶，局部黑色。侈口，折沿，尖圆唇，溜肩，鼓腹，下腹斜收，小平底。口沿内侧有数周凹弦纹。

18. 陶罐（编号R01177）

周

高39.5、口径17、底径17.5厘米

蓬莱海域出水，烟台市博物馆征集，现藏烟台市博物馆

夹砂红陶，胎体厚重。侈口，卷沿，方唇，束颈，溜肩，鼓腹，下腹斜收，平底内凹。素面。

19. 陶罐（编号R01137）

周

高36、底径9.5厘米

蓬莱海域出水，烟台市博物馆征集，现藏烟台市博物馆

夹砂灰陶，局部红褐色。碗形口，斜肩，下腹斜收，近底部壁近竖直，小平底。口外侧及肩部各有三周锥刺纹。

20. 陶罐（编号R01170）

周

残高20、底径9.5厘米

蓬莱海域出水，烟台市博物馆征集，现藏烟台市博物馆

泥质灰陶。直颈、溜肩，扁鼓腹，下腹斜收，平底。口沿残缺。腹中部一周凹弦纹。

21. 陶罐（编号R01172）

> 周
> 高12、口径13、底径8厘米
> 蓬莱海域出水，烟台市博物馆征集，现藏烟台
> 市博物馆
>
> 泥质灰陶，外层脱落。侈口，卷沿，方唇，长
> 束颈，扁鼓腹，平底上凹。素面。

22. 陶罐（编号R01102）

> 周
> 高34、口径19厘米
> 蓬莱海域出水，烟台市博物馆征集，现藏烟
> 台市博物馆
>
> 泥质灰陶。侈口，折沿，方圆唇，斜折肩，
> 直腹，下腹弧收，圜底。腹底饰细绳纹。

23. 陶罐（编号R01174）

周

高22.5、口径15.6、底径20.5厘米

蓬莱海域出水，烟台市博物馆征集，现藏烟台市博物馆

夹砂灰陶。侈口，卷沿，方唇，束颈，斜肩，直腹，圜底近平。底部有绳纹。

24. 陶罐（编号R01153）

周

高20.5、口径12、底径8.5厘米

蓬莱海域出水，烟台市博物馆征集，现藏烟台市博物馆

泥质灰陶。直口，方唇，直颈，折肩，折腹，下腹斜收，小平底，圈足较矮。肩及腹中部各有一周凸弦纹。

25. 陶罐（编号R01138）

周

高23.5、口径15.2、足径15.5厘米

蓬莱海域出水，烟台市博物馆征集，现藏烟台市博物馆

泥质灰陶。侈口，卷沿，方唇，斜肩，直腹，下腹弧收，圆底，圈足。肩部一对附加堆纹、两对点纹，并有四周凹弦纹，下腹拍印绳纹。

26. 陶罐（编号R01142）

战国

高19.8、口径11.5、底径8.5厘米

蓬莱海域出水，烟台市博物馆征集，现藏烟台市博物馆

泥质灰陶。侈口，卷沿，圆唇，溜肩，鼓腹，下腹斜收，小平底。肩部钻一孔，肩部有两周凹弦纹。

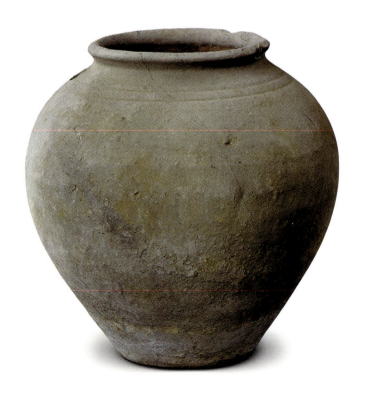

27. 陶豆（编号R01158）

周

高23.2、口径17.5、足径8.6厘米

蓬莱海域出水，烟台市博物馆征集，现藏烟台市博物馆

泥质灰黑陶。尖圆唇，外壁竖直，内壁斜收，折腹，浅盘，细直长柄，喇叭形圈足。素面。

28. 陶釜（编号R01097）

周

高28、口径33.5厘米

蓬莱海域出水，烟台市博物馆征集，现藏烟台市博物馆

泥质灰陶。敞口，折沿，圆唇，深腹，圜底。口沿内侧有两周凹弦纹，腹底饰绳纹。

29. 陶碗（编号DB-672）

芝水二期文化

高9.9、口径19.5、足径8.5厘米

登州水道打捞，征集，现藏蓬莱古船博物馆

夹砂红陶，局部黑色。敞口，方唇，斜直腹，平底上凹，圈足较矮。

30. 陶碗（编号DB-576）

珍珠门文化

高7、口径17.8厘米

登州水道打捞，征集，现藏蓬莱古船博物馆

夹砂红陶。敞口，圆唇，斜直腹，近底部壁近竖直，平底上凹。素面。通体为海洋生物覆盖。

31. 陶碗（编号R01436）

周

高5.5、口径15、底径6.3厘米

蓬莱海域出水，烟台市博物馆征集，现藏烟台市博物馆

泥质灰陶。敞口，圆唇，唇面突出，弧腹，圜底，饼形底。外腹有数周凹弦纹，为制作痕迹。

32. 陶三足钵（编号R01117）

岳石文化

高9、口径13.8厘米

蓬莱海域出水，烟台市博物馆征集，现藏烟台市博物馆

泥质灰陶。敞口、圆唇、弧腹，腹中部略呈台阶状，圜底，底部有三个横截面呈三角形的实足。口沿处有不明显的弦纹。

33. 陶三足钵（编号R01135）

周

高15.5、口径22、底径9厘米

蓬莱海域出水，烟台市博物馆征集，现藏烟台市博物馆

泥质灰陶。直口、圆唇，上腹近直，下腹弧收，小平底，三扁凿形足。素面。

34. 陶网坠（编号R01082）

周

长15.5、宽6、厚5厘米

蓬莱海域出水，烟台市博物馆征集，现藏烟台市博物馆

泥质灰陶。器身近长方体，边角圆钝，器身一周凹槽，上下有六个穿孔，两两成对。素面。

叁

汉

汉代在开拓疆土的同时，不断加强与世界其他国家和地区的交流。两汉之时，中国与朝鲜半岛、日本列岛的海上联系主要通过渤海和黄海，这些海域也遗留了很多汉代的遗物。从出水文物看，目前发现的汉代文物主要是水器、炊器，也有一定数量的酒器，应是船家在航海过程中的日常用品。考古资料表明，在朝鲜半岛及日本列岛，都有大量汉代铜镜出土；日本弥生人的起源也与中国大陆有密切的联系，这些都要通过海洋进行交流。种种迹象表明，到汉代，中国通往世界各地的陆上丝绸之路和海上丝绸之路已经产生。

1. 陶背壶（编号DB-581）

汉

高24、口长径12、底长径15厘米

1989年蓬莱市水城村征集，现藏登州博物馆

夹砂灰陶。侈口，卷沿，方圆唇，束颈，扁腹，平底上凹。腹一侧残破。通体为海洋生物覆盖。

2. 陶背壶（编号DB-691）

汉

高24、口长径12.5、底长径15厘米

渔民海上打捞征集，现藏登州博物馆

夹砂灰陶。侈口，折沿，方圆唇，扁腹，平底，肩部双系，系上有双孔。素面。

3. 陶背壶（编号DB-762）

汉

高21、口径12.5、底长径17厘米

1992年征集，现藏蓬莱古船博物馆

夹粗砂灰陶，砂砾颗粒较大。侈口，方圆唇，束颈，溜肩，扁腹，肩有双系。通体为海洋生物覆盖，细节不清。

4. 陶背壶（编号R01258）

汉

高24、口长径11.5、底长径16.5厘米

蓬莱海域出水，烟台市博物馆征集，现藏烟台市博物馆

夹砂白陶。侈口，方唇，直颈，溜肩，扁腹，平底上凹，肩有两系，系上各有两孔。素面。

5. 陶罐（编号R01203）

汉

高24.5、口径14.5、底径14厘米

蓬莱海域出水，烟台市博物馆征集，现藏烟台市博物馆

夹砂灰陶。侈口，卷沿，沿内侧一周凹槽，圆唇，短束颈，溜肩，肩部一对纵向系，腹最大径偏上，下腹微弧收，平底。素面。

6. 陶罐（编号R01207）

汉

高29、口径18.5、底径17厘米

蓬莱海域出水，烟台市博物馆征集，现藏烟台市博物馆

夹砂红陶。侈口，卷沿，圆唇，短束颈，溜肩，鼓腹，平底，肩有两系。器身有旋削纹，为制作痕迹。

7. 陶罐（编号DB-763）

汉
高17、口径12.5、底径12.5厘米
征集，现藏蓬莱古船博物馆

泥质灰陶。直口，方唇，短颈，溜肩，鼓腹，
腹最大径偏上，下腹斜收，平底上凹。器身有
多道凹弦纹，为制作痕迹。上部覆盖大量海洋
生物。

8. 陶罐（编号DB-761）

汉
残高18、底径11厘米
征集，现藏蓬莱古船博物馆

夹砂灰陶。溜肩，鼓腹，腹最大径偏上，下腹斜
收，平底。口部残缺。通体为海洋生物覆盖，细
节不清。

9. 陶罐（编号DB-596）

汉

高18、口径10、底径12.2厘米

征集，现藏蓬莱古船博物馆

夹砂灰陶。溜肩，鼓腹，腹最大径偏上，下腹斜收，平底上凹。肩有两系。口沿残缺。素面。上部覆盖海洋生物。

10. 陶罐（编号R01197）

汉

残高21、口径11、底径11厘米

蓬莱海域出水，烟台市博物馆征集，现藏烟台市博物馆

夹砂灰陶。溜肩，鼓腹，腹最大径偏上，下腹斜收，平底。口部残缺。通体海洋生物覆盖，细节不清。

11. 陶罐（编号R01156）

汉

残高9.5、底径6.5厘米

蓬莱海域出水，烟台市博物馆征集，现藏烟台市博物馆

夹砂灰陶。卷沿，束颈，宽肩，腹斜收，平底上凹。
口沿残缺。素面。

12. 陶罐（编号R01187）

汉

高33、口径14、底径13.5厘米

蓬莱海域出水，烟台市博物馆征集，现藏烟台市
博物馆

夹砂灰陶，疑似硬陶。直口，圆唇，短直颈，
溜肩，鼓腹，腹最大径偏上，小平底。下腹有
数周凹弦纹。

13. 陶罐（编号R01186）

汉

高51、口径16厘米、底径16.5

蓬莱海域出水，烟台市博物馆征集，现藏烟
台市博物馆

泥质灰陶。侈口，卷沿，方唇，束颈，溜
肩，长鼓腹，腹最大径偏上，下腹弧收，小
平底。素面。表面为海洋生物覆盖。

14. 陶罐（编号R01188）

汉

高31.5、口径17.5～20.5、底径14厘米

蓬莱海域出水，烟台市博物馆征集，现藏烟台市博物馆

泥质灰陶。侈口，卷沿，方唇，束颈，溜肩，球腹，平底。器身存在烧制变形。肩部有数周凹弦纹。

15. 陶罐（编号R01191）

汉

高39.5、口径24.5、底径22厘米

蓬莱海域出水，烟台市博物馆征集，现藏烟台市博物馆

泥质灰陶。侈口，平折沿，圆唇，束颈，球形腹，大平底略上凹。肩腹部压印五组松柏枝叶纹。

16. 陶罐（编号DB-739）

汉

高30、口径18.5、腹径32、底径12厘米

蓬莱北沟港里墓群出土，现藏蓬莱古船博物馆

夹砂灰陶。侈口，折沿，方唇，束颈，球形
腹，平底微下凹。器身刻划有文字。

17. 陶罐（编号R01195）

汉

高44、口径21厘米

蓬莱海域出水，烟台市博物馆征集，现藏烟台市博物馆

夹砂灰陶。侈口，折沿，方唇，球形腹，圜底。素面。

18. 陶罐（编号DB-625）

汉

高37、口径22.5、腹径38厘米

蓬莱小海出土，征集，现藏蓬莱古船博物馆

夹砂灰陶。侈口，折沿，方圆唇，溜肩，鼓腹，腹最大径偏下，圜底。素面。

19. 陶罐（编号DB-769）

汉

高30、口径15、腹径34厘米

征集，现藏蓬莱古船博物馆

夹砂灰陶。侈口，卷沿，方唇，束颈，溜肩，球形腹，平底。素面。

20. 陶罐（编号R01185）

汉

高26、口径13.5、底径12厘米

蓬莱海域出水，烟台市博物馆征集，现藏烟台市博物馆

夹砂灰陶。侈口，卷沿，圆唇，束颈，球腹，小平底。器身遍布海洋生物。

21. 陶罐（编号R01485）

汉

高24、口径14、底径12厘米

蓬莱海域出水，烟台市博物馆征集，现藏烟台市博物馆

夹砂白陶，胎体厚重。侈口，宽卷沿，圆唇，溜肩，球腹，平底。素面。

22. 陶罐（编号R01140）

东汉

高20.5、口径9.9、底径10厘米

蓬莱海域出水，烟台市博物馆征集，现藏烟台市博物馆

夹砂白陶。侈口，宽折沿，方唇，溜肩，圆鼓腹，平底上凹。素面。

23. 陶罐（编号R01173）

东汉

高26、口径16.2、底径15.5厘米

蓬莱海域出水，烟台市博物馆征集，现藏烟台市博物馆

夹砂灰陶，胎体厚重。侈口，折沿，方唇，束颈，球形腹，平底微下凹。素面。

24. 陶瓮（编号R01481）

汉

高46、口径19.5厘米

蓬莱海域出水，烟台市博物馆征集，现藏烟台市博物馆

夹砂灰陶，局部浅红褐色。敛口，折沿，方唇，短颈，球形腹，圜底。素面。器表有较多海洋生物。

25. 陶瓮（编号R01192）

汉

高49、口径26.5厘米

蓬莱海域出水，烟台市博物馆征集，现
藏烟台市博物馆

夹砂灰陶。侈口，折沿，方唇，溜
肩，腹最大径偏下，圜底。素面。

26. 陶釜（编号R01476）

汉

高16、口径14.5厘米

蓬莱海域出水，烟台市博物馆征集，现藏烟台市
博物馆

夹砂灰陶。敛口，方唇，近口沿处三个穿孔，
耸肩，鼓腹，圜底。素面。

27. 陶釜（编号DB-771）

汉

高28、口径26.5、腹径37厘米

征集，现藏蓬莱古船博物馆

夹砂灰陶。敛口，方唇，耸肩，鼓腹，圜底。素面。

28. 陶釜（编号R01189）

汉

高27.5、口径24厘米

蓬莱海域出水，烟台市博物馆征集，现藏烟台市博物馆

夹砂灰陶。敛口，方唇，耸肩，鼓腹，圜底。腹中部有一周凹弦纹。

肆

南北朝唐宋

南北朝到唐宋是山东半岛对外交往的一个高潮。先是频繁更迭的政权，使得海路成为南北移民和对外征伐的重要通路。随着大一统国家的到来、生产的发展、经济的繁荣，山东成为对外交往的重要窗口。《新唐书·地理志》"登州海行入高丽渤海道"，记载了山东的登州成为唐代与东面日本、朝鲜交流的官方必经之路。蓬莱小海发现的巨型木锚，目前仅见于泉州、宁波，可见当时的登莱大港的发达。到了宋代，因南北对峙，半岛南侧位于板桥镇的密州逐渐繁荣，并置市舶司。这一时期，时属渤海郡的今垦利海北遗址则承担了山东半岛北面的航运港口重任。由于黄河、漳河、济水等水路交通便利，耀州窑、磁州窑系的器物，在山东发现较多。本篇章的器物，正是当时内外交流的证据。

1. 酱釉壶（编号R01176）

唐

高21、口径6.7、底径9厘米

蓬莱海域出水，烟台市博物馆征集，现藏烟台市博物馆

侈口，卷沿，方唇，束颈，溜肩，鼓腹，下腹斜收，大平底。红褐胎，酱釉脱落严重。

2. 黄釉执壶（编号DB-743）

宋

高19.6、口径9、底径6.6厘米

1992年渔民海上作业采集，现藏蓬莱古船博物馆

直口，叠唇，束颈，溜肩，鼓腹，下腹斜收，近底处一周凸起，平底上凹，肩部有两系、把手及一长流。流口残缺。粗红胎，施黄釉。

3. 瓷罐（编号R01183）

宋

高33、口径12.5、底径12厘米

蓬莱海域出水，烟台市博物馆征集，现藏烟台市博物馆

侈口，卷沿，圆唇，束颈，鼓腹，腹最大径偏上，下腹斜收，平底。粗灰褐瓷胎。素面。

4. 酱釉罐（编号R01123）

宋

高46、底径19厘米

蓬莱海域出水，烟台市博物馆征集，现藏烟台市博物馆

侈口，沿面微凹，方唇，束颈，溜肩，鼓腹，下腹斜收，平底。器形硕大。夹砂灰褐瓷胎，夹大量粗砂，腹施酱釉。唇面一周凸弦纹。

5. 耀州窑印花斗笠碗（编号DB-1821）

宋

高5、口径11、足径3厘米

1984年小海清淤出土，现藏蓬莱古船博物馆

敞口外撇，尖唇，斜腹，小平底，圈足较矮。淡
青色胎，青釉。碗内有压印缠枝莲纹。

6. 白地褐彩碗（编号DB-148）

宋

高7.1、口径17、足径6.5厘米

1997年蓬莱市水城村征集，现藏登州博物馆

敞口，方唇，斜壁内收，平底，圈足较矮。灰白胎，胎质致密，内壁施白釉，外壁施釉至腹中部，足不施釉，内壁及碗心勾画褐彩纹饰。

7. 白瓷碗（编号R01116）

宋

高4.3、口径14、足径4.8厘米

蓬莱海域出水，烟台市博物馆征集，现藏烟台市博物馆

敞口，圆唇，斜弧腹，平底，圈足。灰胎，外施一层化妆土，上施白釉，釉面光滑，内壁遍施釉，外壁施釉近底部，足不挂釉。

8. 白瓷碗（编号002）

宋

高5.9、口径15.7、足径5.8厘米

日照海域出水，现藏日照市博物馆

敞口，圆唇，弧腹，圈足较矮。碗体内外被海洋生物残骸包裹，细节不清。

9. 白瓷碗（编号009）

宋

高6.7、口径19.8、足径7.9厘米

日照海域出水，现藏日照市博物馆

大敞口，圆唇，斜弧腹，圈足较矮。红胎，外壁上部及内壁施白釉，外壁下部及圈足无釉。碗心有支钉。

10. 白瓷碗（编号008）

宋

高6.2、口径22、足径8.4厘米

日照海域出水，现藏日照市博物馆

大敞口，圆唇，斜弧腹，圈足较矮。红胎，外壁上部及内壁施白釉，外壁下部及圈足无釉。碗心有五个支钉。

11. 辽三彩云头履（编号R01416）

辽

长22、高7.5厘米

蓬莱海域出水，烟台市博物馆征集，现藏烟台市博物馆

整体近船形，鞋首高翘翻卷形似卷云。灰白胎，外施黄绿彩，底部无釉。鞋体施凸起的缠枝花纹。

12. 陶罐（编号DB-579）

南北朝
高25.5、口径13.5厘米
登州水道打捞，征集，现藏蓬莱古船博物馆

夹砂灰陶。侈口、卷沿、圆唇、束颈、球腹、圜底。器表剥落。素面。

13. 陶罐（编号R01147）

宋
高15、口径12.2、底径12厘米
蓬莱海域出水，烟台市博物馆征集，现藏烟台市博物馆

夹砂红陶。直口微敛，圆唇，短颈，小平肩，弧腹，腹最大径偏上，下腹微斜收，平底。肩部有两系，安系处内凹。素面。局部覆盖海洋生物。

14. 陶罐（编号R01149）

宋

高17.5、口径14、底径13厘米

蓬莱海域出水，烟台市博物馆征集，现藏烟台市博物馆

夹砂灰陶。侈口，卷沿，沿内侧内凹，方圆唇，短束颈，小平肩，弧腹，腹最大径偏上，下腹微斜收，平底。肩部有两系，安系处内凹。外腹有数周凹弦纹，为制作痕迹。

15. 陶罐（编号R01493）

宋

高15、口径11、底径11厘米

蓬莱海域出水，烟台市博物馆征集，现藏烟台市博物馆

夹砂灰陶，胎体厚重。侈口，卷沿，圆唇，短束颈，溜肩，鼓腹，腹最大径偏上，下腹斜收，大平底。肩上一对竖耳。素面。

16. 陶罐（编号R01163）

宋

高20、口径13.5、底径13厘米

蓬莱海域出水，烟台市博物馆征集，现藏烟台市博物馆

泥质灰陶。直口，圆唇，短颈，溜肩，鼓腹，腹最大径偏上，下腹斜收，平底。素面。

17. 陶单把罐（编号DB-3117）

宋

高13、口径6.2、底径7、腹径10.9厘米

1984年蓬莱水城小海清淤出土，现藏蓬莱古船博物馆

夹砂红陶。直口，圆唇，溜肩，鼓腹，下腹斜收，平底。一侧有一把手。素面。

18. 陶小口瓶（编号DB-626）

宋

高18、口径1.3、底径4.2厘米

1994年蓬莱市水城村征集，现藏登州博物馆

泥质灰陶。小直口，尖圆唇，广肩，下腹斜直内收，小平底。器身可见数周凹弦纹，为制作痕迹。

19. 陶小口瓶（编号DB-637）

宋

高18.1、口径2、底径5.9厘米

1994年蓬莱市水城村栾凤山征集，现藏蓬莱古船博物馆

泥质灰陶。小直口，尖圆唇，广肩，下腹斜直内收，小平底。器身可见数周凹弦纹，为制作痕迹。

20. 陶缸（编号R01166）

宋

高13.2、口径17.5、底径13厘米

蓬莱海域出水，烟台市博物馆征集，现藏烟台市博物馆

泥质灰陶。敞口，卷沿，圆唇，上腹近直，下腹斜收，大平底。素面。器身覆盖海洋生物。

21. 鎏金银台（编号DB-1836）

宋

高8.6、底径5.7厘米

1984年蓬莱水城小海清淤出土，现藏蓬莱古船博物馆

通体为十一个单体构成，自下而上，一、九两节为双龙卷云纹，二、四、六、七、八为对瓣状花纹，三、十、十一为素面。

22. 鎏金铜碗（编号DB-1856）

宋

高4.5、口径13.5、底径5.7厘米

1984年蓬莱水城小海清淤出土，现藏蓬莱古船博物馆

黄铜质地。敞口，尖唇，圜底。疑似有圈足，已脱落。

23. 石范（编号DB-1857）

宋

长6、宽3.6、厚1.1厘米

1984年蓬莱水城小海清淤出土，现藏蓬莱古船博物馆

千枚岩制成，仅存一半。整体呈长方形，阴刻人物图。

24. 端砚（编号DB-1858）

宋

高0.9、长12、宽5.1、墨匙通长11.6厘米

1984年蓬莱水城小海清淤出土，现藏蓬莱古船博物馆

整体呈长方形，一角微残，墨池呈椭圆形，一端有孔，孔径0.4厘米、周边有0.4厘米的砚边。铜匙为黄铜制成，柄端略扁。

25. 木碇（编号DB-1445）

宋

通长521、宽155厘米，碇杆重171.2千克，碇爪重36千克，木碇总重243.2千克

1984年蓬莱水城小海清淤出土，发现于港湾中部东侧3.4米深的淤泥中，现藏蓬莱古船博物馆

分为碇杆、碇爪、插栓三部分。碇杆长521、宽40厘米，为灰黄色杉木。首部有缆孔，径12厘米；中部有双碇担孔，一碇担孔径为11厘米，另一担孔径长10厘米。碇杆首尾略宽，为32厘米。中部有意加工成束腰形，并有经长期使用形成的磨损痕迹，宽为27厘米。碇爪长251、宽16~20、厚2.5~12厘米，系用楠木加工制成。碇杆与碇爪用两个插栓相连接，一插栓孔长12、宽6厘米，另一插栓孔长10、宽7厘米。碇杆与碇爪间距(最宽处)106厘米、呈35°角。

伍

金

随着北方金朝势力的南下，南北对峙中的互市榷场也相应南迁，板桥镇的胶西榷场成为当时唯一的沿海官方贸易场所。金朝同时在半岛北侧的永和镇（今利津前关）屯兵建城设关，号"铁门关"。时战时和的宋金关系，并没有太过影响南北两方的经济文化交流。南宋发达的经济充分满足了北方的扩张，西面的磁州窑，南面的宜兴窑、龙泉窑系器物在山东出现，应是南北贸易的产物。

1. 酱釉壶（编号R01081）

金

高31.5、口径9.3、底径10.6厘米

蓬莱海域出水，烟台市博物馆征集，现藏烟台市博物馆

敛口，圆唇，束颈，颈部出沿一周，溜肩，鼓腹，下腹斜收，平底。肩部两侧各置竖向两系，宽柄，有流。粗灰胎，器身遍施酱釉。流口及局部覆盖海洋生物。

2. 酱釉壶（编号R01104）

金

高17、口径10.2、底径12.6厘米

蓬莱海域出水，烟台市博物馆征集，现藏烟台市博物馆

侈口，卷沿，方圆唇，束颈，溜肩，腹部近直，下腹略斜收，大平底。肩上有三系和一短流。红褐胎，胎质粗糙，口沿及外壁施酱釉。

3. 青瓷双系壶（编号R01080）

金

高16、口径3.6、底径7厘米

蓬莱海域出水，烟台市博物馆征集，现藏烟台市博物馆

直口微侈，卷沿，方唇，长颈，近平肩，鼓腹，腹最大径偏上，下腹斜收，平底，肩有两系。红褐胎，胎质较粗糙，通体施青釉。釉色局部剥落。

4. 黑釉壶（编号R01107）

金

高10.5、口径4.3、底径4.7厘米

蓬莱海域出水，烟台市博物馆征集，现藏烟台市博物馆

侈口，方圆唇，长颈，颈上部内束，平肩，斜腹，平底，圈足近平。灰白胎，遍施黑釉。

5. 黑釉壶（编号R01071）

金

高16.5、口径5.8、底径8.5厘米

蓬莱海域出水，烟台市博物馆征集，现藏烟台市博物馆

侈口，方圆唇，束颈，溜肩，垂腹，近底处壁近直，平底上凹。灰白胎，施黑釉，外壁下部及底无釉。

6.酱釉壶（编号R01072）

金

高19.5、口径4.6、底径4.8厘米

蓬莱海域出水，烟台市博物馆征集，现藏烟台市
博物馆

侈口，卷沿，圆唇，折腹，平底上凹。器身细
长。红褐粗胎，器身施酱釉，下腹局部及底部
无釉。下腹可见明显旋削纹，为制作痕迹。

7.褐釉罐（编号R01100）

金

高8、口径7.5、底径7厘米

蓬莱海域出水，烟台市博物馆征集，现藏烟台市
博物馆

直口，圆唇，束颈，直腹，平底。粗红胎，内
壁施釉，外壁上部施釉，口沿无釉。颈上部一
周凸弦纹。

8. 绿釉双耳罐（编号R01103）

金

高8.6、口径9、底径6.1厘米

蓬莱海域出水，烟台市博物馆征集，现藏烟台市博物馆

侈口，卷沿，方唇，束颈，窄肩，鼓腹，下腹弧收，近底部壁近竖直，平底。肩腹有竖向两系。红褐胎，外壁施釉至下腹，近底部无釉，下腹釉局部剥落。

9. 青瓷罐（编号R01143）

金

高17、口径13.5、底径8.4厘米

蓬莱海域出水，烟台市博物馆征集，现藏烟台市博物馆

侈口，卷沿，方唇，斜肩，下腹斜收，平底。灰胎，外壁施釉至中下部，下腹无釉。器身可见多周旋削纹，为制作痕迹。

10. 青瓷罐（编号R01073）

金

高25、口径10、底径9.5厘米

蓬莱海域出水，烟台市博物馆征集，现藏烟台市博物馆

侈口，卷沿，尖圆唇，溜肩，最大径在肩部，下腹弧收，平底。粗红胎，外壁施青釉至底，内壁施釉。

11. 黑釉碗（编号小钦岛001）

金

高5.4、口径14.8、足径6.2厘米

小钦岛水域出水，现藏长岛县博物馆

敞口微外撇，圆唇，斜弧腹，鸡心底，圈足，足墙较厚，足端平。灰白胎，胎质较粗，黑釉，内壁及外壁上部施釉，下腹及圈足无釉，口沿内外侧呈赭色，内壁流釉成铁锈斑状。

12. 酱釉盆（编号R01151）

金

高6、口径24、底径16厘米

蓬莱海域出水，烟台市博物馆征集，现藏烟台市博物馆

敞口，平折沿，圆唇，斜腹弧收，平底上凹。灰胎，较致密，口沿及内壁施釉，外壁无釉。

13.磁州窑白地褐彩器（编号DB-1872）

金

残高2.6、直径13.5、足径8.1厘米

2005年蓬莱水城小海清淤出水，现藏蓬莱古船博物馆

仅存器底。平底，圈足外撇，有鸡心底，外底有六个垫烧沙痕。灰白胎，白釉，酱彩。内底饰褐色人物花草纹，左侧柳枝，右侧芭蕉叶，中间为秀逸的人物图案，画的潇洒舒放。

陆 元

　　元代因疆域急剧扩大，国内的粮食转运成为当时统治者极为关注的问题，而山东半岛东端成山头附近礁多涌急，海路运输不易。至元年间忽必烈下令开凿胶莱运河，连通黄海和渤海，浩大的工程显示了元代海洋运输的重要地位。这一时期除本土窑口之外，出水瓷器中钧窑系和磁州窑系占有重要地位。绥中三道岗元代沉船中存留的各色瓷器，与山东北部沿海出水瓷器种类窑口多有重合，这些瓷器在山东西部内陆也有发现，说明山东在对外交往中，承担着水陆转运重要通道的地位。

1. 白地褐彩龙凤纹罐（编号DB-99）

元

高29.7、口径18.6、底径12.3厘米

征集，现藏蓬莱古船博物馆

直口，方圆唇，短颈，溜肩，鼓腹，下腹斜收，平底上凹。胎色白中闪黄，有施釉处上白色化妆土，化妆土上用黑褐等颜料绘制纹样。肩部饰缠枝花纹，腹部两组菱形开光，主体为龙凤纹样，近底部饰海水纹。

2. 白瓷罐（编号DB-741）

元

高33、口径13.5、底径16.5厘米

1984年蓬莱水城小海清淤出土，现藏蓬莱古船博物馆

卷沿，圆唇，束颈，溜肩，鼓腹，腹最大径偏上，下腹斜收，平底内凹。灰胎，白釉。肩部刻划有符号。金华窑。

3. 黑釉罐（编号R01194）

元

高41、口径24.5、底径25厘米

蓬莱海域出水，烟台市博物馆征集，现藏烟台市博物馆

器形硕大厚重。直口，圆唇，束颈，溜肩，鼓腹，腹最大径偏上，下腹斜收，大平底。灰白胎，黑釉，口沿、底部无釉。

4. 酱釉双系罐（编号R01159）

元

高11.5、口径11、底径7厘米

蓬莱海域出水，烟台市博物馆征集，现藏烟台市博物馆

直口，圆唇，微束颈，溜肩，垂腹，下腹急收，平底，圈足较矮。肩上有竖向两系。灰白胎，胎质粗糙不致密，内壁满施黄釉，外壁上部施釉，下腹及圈足无釉。

5. 酱釉罐（编号R01181）

元

高20、口径9.5、底径13.6厘米

蓬莱海域出水，烟台市博物馆征集，现藏烟台市博物馆

敛口，圆唇，束颈，斜肩，中部外鼓突出，下腹斜收，大平底上凹。红褐胎，中下部及底施酱釉。有窑粘。器身覆盖较多海洋生物。

6. 酱釉罐（编号R01171）

元

高12、口径9.7、底径8.7厘米

蓬莱海域出水，烟台市博物馆征集，现藏烟台市博物馆

侈口，卷沿，圆唇，短束颈，溜肩，鼓腹，腹最大径偏上，下腹斜收，平底内凹。灰胎，酱釉，内壁满釉，外壁中上部施釉，下部及底部无釉。

7. 酱釉罐（编号R01150）

元

高19.5~20.5、口径7、底径6.5厘米

蓬莱海域出水，烟台市博物馆征集，现藏烟台市博物馆

直口，方唇，束颈，溜肩，鼓腹，下腹斜收，平底，底心略内凹。红褐胎，施薄酱釉。器身有数周旋削纹，为制作痕迹。

8. 黑釉罐（编号R01079）

元

高18.5、口径8.5、底径8.5厘米

蓬莱海域出水，烟台市博物馆征集，现藏烟台市博物馆

侈口，折沿，尖圆唇，溜肩，直腹，下腹斜收，平底略上凹。灰胎，器身遍施黑釉。器身有旋削纹，为制作痕迹。

9. 青瓷罐（编号R01146）

元

高21、口径6、底径6.5厘米

蓬莱海域出水，烟台市博物馆征集，现藏烟台市博物馆

直口，方唇，唇面微凹，短颈，溜肩，鼓腹，下腹斜收，平底。灰胎，器身施青釉，大部分剥落。器身有数周旋削纹，为制作痕迹。

10. 酱釉四系罐（编号DB-668）

元

高19.5、口径7、底径7.8厘米

征集，现藏蓬莱古船博物馆

敛口，尖唇，短颈，颈中部出沿一周，溜肩，直腹，下腹至底处弧收，平底。肩上四个竖桥形系，两个一组。红胎，通体施酱釉，底部无釉。器身里外均有明显旋削纹，为制作痕迹。

11. 酱釉四系罐（编号R01491）

元

高17.5、口径6、底径7.5厘米

蓬莱海域出水，烟台市博物馆征集，现藏烟台市博物馆

敛口，圆唇，短粗束颈，颈中部出沿一周，溜肩，长腹略外鼓，平底微上凹。肩上有四系，两两成对。灰褐胎，通体施酱釉。腹下部有数道旋削纹，为制作痕迹。

12. 酱釉四系罐（编号R01179）

元

高20、口径6、底径8厘米

蓬莱海域出水，烟台市博物馆征集，现藏烟台市博物馆

敛口，短颈，颈上一周出沿，溜肩，直腹，下腹斜收，小平底，底心上凹。肩上有四个竖桥形系，两两成对。红褐胎，通体施酱釉。下腹可见三道旋削纹，为制作痕迹。

13. 瓷双系罐（编号R01160）

元

高21、口径7、底径9厘米

蓬莱海域出水，烟台市博物馆征集，现藏烟台市博物馆

器身近似长筒形。敛口，尖唇，短颈，颈中部出沿一周，溜肩，直腹，下腹至底处斜收，平底，肩上两个竖桥形系。红褐瓷胎，未施釉。

14. 酱釉双系韩瓶（编号R01276）

元

高34.5、口径5、底径6厘米

蓬莱海域出水，烟台市博物馆征集，现藏烟台市博物馆

器身近似橄榄形，器形较大。敛口，尖唇，短颈，颈中部出沿一周，斜肩，直腹，下腹至底处斜收，小平底。肩上两个竖桥形系。灰胎，通体施酱釉，底部无釉。器身里外均有明显旋削纹，为制作痕迹。

15. 褐釉韩瓶（编号DB-586）

元末明初

高30.3、口径5厘米

征集，现藏蓬莱古船博物馆

器身近似橄榄形，器形较大。溜肩，直腹，下腹至底处斜收，小底。可能有系。粗灰胎，施酱釉，釉脱落严重。器身有明显旋削纹，为制作痕迹。器身为海洋生物覆盖，细节不清。

16. 酱釉双系韩瓶（编号R01124）

元末明初

高32.5、口径5.2、底径5.8厘米

蓬莱海域出水，烟台市博物馆征集，现藏烟台市博物馆

器身近似橄榄形，器形较大。敛口、尖唇，短颈，颈中部出沿一周，斜肩，直腹，下腹至底处斜收，小平底。肩上两个竖桥形系。粗灰胎，通体施黑褐色釉，底部无釉。器身里外均有明显旋削纹，为制作痕迹。

17. 酱釉三系韩瓶（编号DB-766）

元

高30.5、口径5.2、底径5厘米

1992年征集，现藏蓬莱古船博物馆

器身近似橄榄形，器形较大。敛口，尖圆唇，短颈，颈中部出沿一周，斜肩，直腹，下腹至底处斜收，小平底。肩上三个竖桥形系。粗灰胎，通体施酱釉，底部无釉，釉脱落严重。器身里外均有明显旋削纹，为制作痕迹。

18. 酱釉四系韩瓶（编号DB-760）

元

高33、口径5.9、底径5.7厘米

1992年征集，现藏蓬莱古船博物馆

器身近似橄榄形，器形较大。敛口，尖圆唇，短颈，颈中部出沿一周，溜肩，直腹，下腹至底处斜收，小平底。褐色胎，胎质较粗糙，上腹部及口沿饰酱釉。器身下部有旋削纹，为制作痕迹。

19. 酱釉四系韩瓶（编号R01486）

元

高33、口径5.5、底径6.3厘米

蓬莱海域出水，烟台市博物馆征集，现藏烟台市博物馆

器身近似橄榄形，器形较大，器壁较厚。敛口，尖圆唇，短颈，颈中部出沿一周，溜肩，直腹，下腹至底处斜收，小平底。肩上四个竖桥形系。红胎，通体施酱釉，釉大部分脱落，底部无釉。器身里外均有明显旋削纹，为制作痕迹。一系残损。

20. 酱釉四系韩瓶（编号R01487）

元

高30.5、口径5.5、底径6厘米

蓬莱海域出水，烟台市博物馆征集，现藏烟台市博物馆

器身近似橄榄形，器形较大，器壁较厚。敛口，尖圆唇，短颈，颈中部出沿一周，溜肩，直腹，下腹至底处斜收，小平底。肩上两个竖桥形系。灰黑胎，通体施酱釉，底部无釉。器身里外均有明显旋削纹，为制作痕迹。

21. 酱釉双系韩瓶（编号R01247）

元

高20、口径4.5、底径4.5厘米

蓬莱海域出水，烟台市博物馆征集，现藏烟台市博物馆

器身近似橄榄形。敛口，尖圆唇，短颈，颈中部出沿一周，溜肩，直腹，下腹至底处斜收，小平底。肩上两个竖桥形系。红褐瓷胎，通体施酱釉，底部无釉。

22. 青瓷罐（编号R01157）

元

残高29、足径10.5厘米

蓬莱海域出水，烟台市博物馆征集，现藏烟台市博物馆

短颈，溜肩，圆鼓腹，下腹斜收，小平底，圈足。口沿残损。褐胎，遍施青釉。

23. 黑釉四系罐（编号DB-1871）

元

复原高18.2、口径14厘米

2005年古船发掘出土，位于探沟南部，现藏蓬莱古船博物馆

敛口，圆唇，束颈，溜肩，鼓腹，底残。肩上有对称的四系，两个一组，颈部拴有麻绳，贯穿双耳。下半部残损。灰白胎，外壁上部施黑釉，下部无釉。

24. 黑釉双系罐（编号R01070）

元

高16~16.5、口径13.5、足径9.5厘米

蓬莱海域出水，烟台市博物馆征集，现藏烟台市博物馆

敛口，圆唇，短颈，溜肩，鼓腹，下腹斜收，底下凹，圈足较矮。肩有两系。红胎，胎质较粗，釉黑色，内壁全部施釉，外壁施半釉。系上有两道凹槽。

25. 酱釉四系罐（编号R01131）

元

高25、口径11、底径13.5厘米

蓬莱海域出水，烟台市博物馆征集，现藏烟台市博物馆

敛口，圆唇，颈部出沿一周，溜肩，弧腹，下腹斜收，平底。肩有四系。粗灰褐胎，上腹施酱釉。经长期海水浸泡，釉已脱落。

26. 青瓷四系小口罐（编号R01175）

元

高31.5、口径9.5、底径10厘米

蓬莱海域出水，烟台市博物馆征集，现藏烟台市博物馆

直口，圆唇，短束颈，溜肩，鼓腹，腹最大径偏上，中下腹斜收，平底。肩有四横耳。红胎，胎质疏松，器身施青釉。腹部有数周旋削纹，为制作痕迹。器身覆盖较多海洋生物。

27. 酱釉壶（编号R01484）

元

高32、口径7、底径10厘米

蓬莱海域出水，烟台市博物馆征集，现藏烟台市博物馆

敛口、圆唇，颈中部出沿一周，束颈、溜肩、鼓腹，下腹斜收，平底上凹。肩部两侧各置竖向两系，宽柄，有短流。粗红胎，器身遍施酱釉。

28. 酱釉四系执壶（编号R01130）

元

高29、口径7.6、底径9厘米

蓬莱海域出水，烟台市博物馆征集，现藏烟台市博物馆

敛口、圆唇、长颈，颈上部出沿一周，溜肩、鼓腹，下腹弧收，平底。短流，柄已残，肩两侧有四系。灰色粗胎，胎质略松，通体施酱釉。器身里外均有明显旋削纹，为制作痕迹。

29. 白地酱花草叶纹盆（编号R01193）

元

高22、口径44、底径24.5厘米

蓬莱海域出水，烟台市博物馆征集，现藏烟台市博物馆

敞口，卷沿，圆唇，斜腹，平底微下凹。器身硕大，厚重。灰白胎，盆内及口沿施白釉，外壁施黑釉，底部无釉。盆内壁近上部褐彩勾画双圈，腹底交界处勾画一圈褐彩，斜腹及底褐彩绘四组草叶纹。

30. 酱釉瓶（编号DB-746）

元

高25.5、口径7、底径9厘米

征集，现藏蓬莱古船博物馆

侈口，方圆唇，细颈，折肩，下腹斜收，平底。粗胎，施酱釉。下腹可见多周旋削纹，为制作痕迹。

31. 白地褐彩高足杯（编号R01096）

元

高7.6、口径9、足径4厘米

蓬莱海域出水，烟台市博物馆征集，现藏烟台市博物馆

敞口，圆唇，斜腹，圜底，高圈足外撇，足缘有削。灰白胎，胎质较细腻，施白釉，圈足下部无釉。杯身外腹上下各绘两周弦纹，弦纹间绘褐彩纹饰。

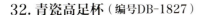

32. 青瓷高足杯（编号DB-1827）

元

高10.5、口径11、足径3.5厘米

1984年蓬莱水城小海清淤出土，现藏登州博物馆

敞口外撇，圆唇，弧腹，平底，竹节状高足，足缘有削。黑胎，足下部及足内无釉，其余施青釉。

33. 青瓷高足杯（编号DB-1810）

元

高11.2、口径12.5、足径4厘米

1984年蓬莱水城小海清淤出土，现藏蓬莱古船博物馆

敞口外撇，圆唇，弧腹，高足，足缘有削。灰胎，釉色青中闪黄。

34. 青瓷高足杯（编号DB-94）

元

高11.5、口径12.5、足径4.5厘米

征集，现藏蓬莱古船博物馆

敞口外撇，圆唇，弧腹，平底，高圈足外撇，足缘有削。龙泉窑，淡青釉。通体为海洋生物覆盖。

35. 青白瓷盏托（编号DB-1850）

元

高2、口径10.2、足径4.5厘米

1984年蓬莱水城小海清淤出土，现藏蓬莱古船博物馆

敞口，方唇，斜弧腹，平底，圈足。红褐色胎，青灰色釉，施釉不及底，内心与圈足内外无釉。

36. 青瓷碗（编号DB-95）

元

高8、口径18.5、足径7.3厘米

征集，现藏蓬莱古船博物馆

敞口，圆唇，弧腹，圜底，圈足，足缘有削。灰白胎，施青釉，碗心有涩圈。

37. 青瓷碗（编号DB-1849）

元

高7.6、口径15.6、足径6厘米

1984年蓬莱水城小海清淤出土，现藏蓬莱古船博物馆

敞口，圆唇，斜弧腹，圜底，圈足。白胎，青绿釉，有明显的积釉迹象，碗心露胎无釉，圈足内无釉。

38. 青瓷碗（编号DB-1843）

元

高8、口径15.5、足径5.5厘米

1984年蓬莱水城小海清淤出土，现藏蓬莱古船博物馆

敞口，圆唇，唇外撇，斜弧腹，平底，圈足。白胎，器身遍施青釉，圈足外壁局部及圈足内无釉，碗心无釉。

39. 青白瓷碗（编号DB-1845）

元

高8.5、口径17、足径7厘米

1984年蓬莱水城小海清淤出土，现藏蓬莱古船
博物馆

敞口，圆唇，唇下微凹，斜弧腹，平底，圈
足。白胎，通体施青釉，圈足内无釉。

40. 青瓷碗（编号DB-1848）

元

高7.4、口径16、足径6.2厘米

1984年蓬莱水城小海清淤出土，现藏蓬莱古船博
物馆

敞口，方圆唇，斜弧腹，平底，圈足。灰白
胎，釉色青中泛灰，施釉不及底，内心与圈足
无釉。浙或闽民窑。

41.青瓷碗（编号R01352）

元

高8、口径18.5、足径6.5厘米

蓬莱海域出水，烟台市博物馆征集，现藏烟台市博物馆

敞口微内敛，斜弧腹，尖底，圈足较矮，足缘斜削。灰白胎，胎质粗糙，内壁及外壁施青釉，外壁近底部及圈足无釉。

42.青瓷碗（编号R01363）

元

高7.2、口径16、足径5.8厘米

蓬莱海域出水，烟台市博物馆征集，现藏烟台市博物馆

敞口微内敛，斜弧腹，尖底，圈足较矮，足缘外削，足壁稍外撇。灰白胎，胎质粗糙，内壁及外壁施青釉，外壁近底部及圈足无釉。

43. 青瓷碗（编号R01408）

元

高7.2~8、口径18.8、足径6.8厘米

蓬莱海域出水，烟台市博物馆征集，现藏烟台市
博物馆

敞口微内敛，圆唇，弧腹，尖底，圈足。灰白
胎，胎质较粗，胎体厚重，内壁及外壁大部分
施青釉，圈足及内底无釉。

44. 青瓷碗（编号R01497）

元

高6.2、口径15.3、足径5.5厘米

蓬莱海域出水，烟台市博物馆征集，现藏烟台市博物馆

敞口微内敛，斜弧腹，尖底，圈足较矮，足缘外削，
足壁稍外撇。灰白胎，胎质粗糙，内壁及外壁大部分
施青釉，外壁近底部及圈足无釉，釉面光滑。受海水
长期浸泡，釉色偏灰黑。

45. 青瓷碗（编号R01483）

元

高7、口径18.5、足径6.5厘米

蓬莱海域出水，烟台市博物馆征集，现藏烟台市
博物馆

敞口微内敛，斜弧腹，尖底，圈足较矮，足缘
外削，足壁稍外撇。灰胎，胎质较粗糙，内壁
及外壁大部分施青釉，釉色偏黑，外壁近底部
及圈足无釉。

46. 青瓷碗（编号R01495）

元

高8、口径18、足径6.5厘米

蓬莱海域出水，烟台市博物馆征集，现藏烟台市
博物馆

敞口微内敛，斜弧腹，尖底，圈足较矮，足缘
外削，足壁稍外撇。灰胎，胎质粗糙，内壁及
外壁大部分施青釉，釉色偏黑，内底有窑变，
外壁近底部及圈足无釉。

47. 青瓷碗（编号R01496）

元

高6.2、口径15、足径5.8厘米

蓬莱海域出水，烟台市博物馆征集，现藏烟台市博物馆

敞口微内敛，斜弧腹，尖底，圈足较矮，足缘外削，足壁稍外撇。灰白胎，胎质粗糙，内壁及外壁大部分施青釉，外壁近底部及圈足无釉。受海水长期浸泡，釉色偏灰黑。

48. 青瓷碗（编号R01494）

元

高8、口径18、足径6.5厘米

蓬莱海域出水，烟台市博物馆征集，现藏烟台市博物馆

敞口微内敛，斜弧腹，尖底，圈足较矮，足缘外削，足壁稍外撇。灰胎，胎质粗糙，内壁及外壁大部分施青釉，外壁近底部及圈足无釉，釉色偏青灰，有釉滴，内底有窑变。

49. 青瓷碗（编号R01499）

元

高6.8、口径15、足径5.8厘米

蓬莱海域出水，烟台市博物馆征集，现藏烟台市博物馆

敞口微内敛，斜弧腹，尖底，圈足较矮，足缘外削，足壁稍外撇。灰白胎，胎质粗糙，内壁及外壁大部分施青釉，外壁近底部及圈足无釉，碗内壁近蓝色。

50. 青瓷碗（编号R01409）

元

高7.2、口径18、足径6.3厘米

蓬莱海域出水，烟台市博物馆征集，现藏烟台市博物馆

敞口微内敛，尖圆唇，斜弧腹，近尖底，圈足。灰胎，胎质较粗糙，青釉，内底有天蓝色窑变，釉色莹润，内壁及外壁上部施釉，近底部及圈足无釉，施釉厚重，有釉滴。

51. 青瓷碗（编号R01114）

元

高6.5、口径15、足径6厘米

蓬莱海域出水，烟台市博物馆征集，现藏烟台市博物馆

敞口微外撇，尖圆唇，深弧腹，圜底，圈足较矮，足壁稍外撇，足缘外削。灰白胎，内壁及外壁上部施青褐色釉，下腹及圈足无釉。

52. 白地褐彩碗（编号R01110）

元

高5.5、口径11.5、足径5厘米

蓬莱海域出水，烟台市博物馆征集，现藏烟台市博物馆

敞口，尖唇，唇外撇，弧腹，平底，圈足。红褐胎，胎质粗糙不致密，内施满釉，外壁上部施釉，下部及圈足无釉。内壁口沿部施两周黑彩弦纹，弦纹间有点状纹饰，内壁有三组黑彩纹样，内底有一周黑彩弦纹，内有彩绘。

53. 白地褐彩碗（编号R01111）

元

高4.8、口径12.5、足径4.5厘米

蓬莱海域出水，烟台市博物馆征集，现藏烟台市博物馆

敞口外撇，圆唇，斜腹，外壁腹中部折收，圜底，圈
足较矮，圈足壁微外撇，足缘斜削，底心稍外凸。灰
白胎，内壁及外壁上部施化妆土，并罩一层透明釉，
外壁下部及圈足无釉。碗内壁腹部褐彩勾画双圈，碗
心绘褐彩花瓣纹，可见釉面开片。

54. 白地褐彩碗（编号R01448）

元

高4、口径10.3、足径4.3厘米

蓬莱海域出水，烟台市博物馆征集，现藏烟台市博物馆

敞口外撇，圆唇，斜腹，平底，圈足较矮，足缘有削。灰白
胎，施白釉，外壁施釉至腹中部，内壁满釉。碗内壁褐彩勾
画双圈，碗心褐彩书写"风花雪月"四字。

55. 白地褐彩碗（编号DB-151）

元

高7.8、口径17、足径5.9厘米

征集，现藏蓬莱古船博物馆

敞口微撇，圆唇，斜腹，平底，底微下凹，圈足，圈足壁微外撇，足缘有削。灰白胎，胎质较粗，不致密，内壁遍施白釉，外壁上部施釉，下部及圈足无釉。腹中部描绘一周褐彩弦纹，内底有褐彩花纹，可见釉面开片。

56. 白地褐彩碗（编号R01338）

元

高5.3、口径14.5、足径5.8厘米

蓬莱海域出水，烟台市博物馆征集，现藏烟台市博物馆

敞口，方圆唇，斜腹，圜底近平，圈足较矮，圈足壁微外撇，足缘斜削，底心稍外凸。灰白胎，内壁及外壁上部施化妆土，并罩一层透明釉，外壁下部及圈足无釉。碗内壁腹部褐彩勾画双圈，可见釉面开片。器身覆盖海洋生物。

57. 白地黑彩碗（编号R01121）

元

高5.2、口径14.8、足径6.2厘米

蓬莱海域出水，烟台市博物馆征集，现藏烟台市博物馆

敞口外撇，方圆唇，斜腹，平底，圈足较矮。浅褐胎，白釉，外壁施釉至腹中部。碗内底用黑釉描绘双弦纹。

58. 白地褐彩碗（编号R01112）

元

高4.5、口径13.5、足径5.5厘米

蓬莱海域出水，烟台市博物馆征集，现藏烟台市博物馆

敞口外撇，圆唇，斜腹，平底，圈足。灰胎，胎质较粗，不致密，内壁遍施白釉，外壁上部施釉，下部及圈足无釉。腹中部描绘两周褐彩弦纹，内底一褐彩"王"字。

59. 白地褐彩碗（编号R01332）

元

高4.8、口径13、足径5.6厘米

蓬莱海域出水，烟台市博物馆征集，现藏烟台市博物馆

敞口外撇，方圆唇，斜腹，圜底近平，圈足较矮，圈足壁微外撇，足缘斜削，底心稍外凸。灰白胎，内壁及外壁上部施化妆土，并罩一层透明釉，外壁下部及圈足无釉。碗内壁腹部褐彩勾画双圈，碗心绘褐彩纹饰，可见釉面开片。

60. 白地褐彩碗（编号R01330）

元

高7.5、口径17.5、足径7.2厘米

蓬莱海域出水，烟台市博物馆征集，现藏烟台市博物馆

敞口，尖圆唇，斜腹，圜底近平，圈足较矮，圈足壁微外撇，足缘斜削，底心稍外凸。灰白胎。内壁及外壁上部施化妆土，并罩一层透明釉，外壁下部及圈足无釉。碗内壁腹部褐彩勾画双圈，可见釉面开片。

61. 白瓷碗（编号R01344）

元

高5.5、口径15.2、足径5.5厘米

蓬莱海域出水，烟台市博物馆征集，现藏烟台市博物馆

敞口，圆唇，斜腹，平底，圈足较矮。灰白胎，胎质较粗，不致密，内壁及外壁上部施白釉，下腹及圈足无釉。通体为海洋生物覆盖，细节不清。

62. 白瓷碗（编号R01430）

元

高5.5、口径18.7、足径7.5厘米

蓬莱海域出水，烟台市博物馆征集，现藏烟台市博物馆

大敞口外撇，尖唇，斜壁，圈足较矮。灰白胎，胎质较粗，内壁及外壁上部施釉，釉色偏黄。碗内覆盖较多海洋生物。

63. 白瓷碗（编号R01431）

元

高6、口径19.8、足径8厘米

蓬莱海域出水，烟台市博物馆征集，现藏烟台市博物馆

大敞口外撇，圆唇，斜腹，平底，圈足。灰白胎，胎质粗糙，内壁施白釉，外壁上部施釉，下腹及圈足无釉。

64. 白瓷碗（编号R01413）

元

高6.7、口径20.6、足径6.5厘米

蓬莱海域出水，烟台市博物馆征集，现藏烟台市博物馆

敞口，圆唇，斜腹，平底，圈足。灰白胎，胎质粗糙，白釉，内壁施釉，外壁仅口沿有釉。

65. 白瓷碗（编号R01432）

元

高7.5、口径19.5、足径7厘米

蓬莱海域出水，烟台市博物馆征集，现藏烟台市博物馆

敞口，圆唇，弧腹，平底，圈足。灰白胎，胎质粗糙，内壁施白釉，外壁上部施釉，下腹及圈足无釉。碗心有涩圈。

66. 钧釉碗（编号R01446）

元

高6、口径15、足径6厘米

蓬莱海域出水，烟台市博物馆征集，现藏烟台市博物馆

敞口微内敛，斜弧腹，尖底，圈足较矮，足缘有削。灰白胎，胎质粗糙，内壁及外壁施天蓝色钧釉，外壁近底部及圈足无釉，釉色莹润。

67. 钧釉碗（编号R01447）

元

高6.7、口径15.5、足径5.5厘米

蓬莱海域出水，烟台市博物馆征集，现藏烟台市博物馆

敞口，圆唇，弧腹，尖底，圈足。灰白胎，钧釉，内壁及外壁大部分施釉，近底部及圈足无釉。

68. 钧釉碗（编号R01412）

元

高7.8、口径19、足径6.5厘米

蓬莱海域出水，烟台市博物馆征集，现藏烟台市博物馆

敞口微内敛，圆唇，斜弧腹，圈足。灰胎，钧釉，内壁及外壁上部施釉，近底部及圈足无釉，并有釉滴。

69. 天蓝釉碗（编号R01498）

元

高6.8、口径15、足径5.5厘米

蓬莱海域出水，烟台市博物馆征集，现藏烟台市博物馆

敞口微内敛，斜弧腹，尖底，圈足较矮，足缘外削，足壁稍外撇。灰白胎，胎质粗糙，内壁及外壁大部分施天蓝色釉，外壁近底部及圈足无釉，施釉厚重，釉色莹润。

70. 酱釉碗（编号R01411）

元

高7.7、口径17.4、足径6.3厘米

蓬莱海域出水，烟台市博物馆征集，现藏烟台市博物馆

敞口微内敛，圆唇，斜弧腹，圈足。灰胎，酱釉，内壁及外壁上部施釉，近底部及圈足无釉，并有釉滴。

71. 黑釉碗（编号R01414）

元

高8.5、口径20、足径8厘米

蓬莱海域出水，烟台市博物馆征集，现藏烟台市博物馆

敞口，圆唇，深弧腹，平底，圈足。灰白胎，施一层透明黑釉，内壁有竖向结晶纹饰。内壁及外壁大部分施釉，外壁近底部及圈足无釉。

72. 黑釉碗（编号DB-144）

元

高6、口径13.6、足径5.5厘米

1997年蓬莱市水城村征集，现藏登州博物馆

敞口，圆唇，弧腹，平底，圈足较矮，足缘斜削。灰白胎，施黑釉，外施釉至腹中部，有釉滴，下部及圈足无釉。内壁有竖向铁斑纹。

73. 黑釉碗（编号小钦岛002）

元

高8.2、口径17、足径6.3厘米

小钦岛水域出水，现藏长岛县博物馆

敞口，圆唇，斜弧腹，近圜底，外呈鸡心底，圈足，足墙较厚，足端平。灰白胎，胎质较粗，黑釉，内壁及外壁上部施釉，下腹及圈足无釉，口沿内外侧呈赭色。内壁流釉成铁锈斑状。

74. 黑釉碗（编号DB-145）

元

高5.2、口径13.4、足径5.5厘米

征集，现藏蓬莱古船博物馆

敞口，圆唇，弧壁内收，平底，圈足较矮。灰白胎，胎质略松，外施黑釉至腹中部，下部及圈足无釉，内壁满釉。内壁近口沿处有多道竖向铁斑纹，似菊瓣纹饰。

75. 黑釉碗（编号DB-146）

元

高6.3、口径14.5、足径6.3厘米

征集，现藏蓬莱古船博物馆

敞口微外撇，方圆唇，弧壁内收，平底，圈足较矮，足缘斜削。灰白胎，胎质略松，外施黑釉至腹下部，圈足无釉，内壁满釉。内壁近口沿处有多道竖向铁斑纹，似菊瓣纹饰。

76. 白地褐彩碟（编号R01351）

元

高3、口径15.2、足径7厘米

蓬莱海域出水，烟台市博物馆征集，现藏烟台市博物馆

敞口，圆唇，斜弧腹，平底，圈足较矮。灰白胎，内壁及外壁上部施白釉。碟内侧用褐彩描绘双弦纹，内底有褐色彩绘。

77. 陶罐（编号R01492）

元

高13.5、口径9.7、底径10.5厘米

蓬莱海域出水，烟台市博物馆征集，现藏烟台市博物馆

泥质灰陶。直口，方唇，短颈，溜肩，鼓腹，下腹斜收，大平底。胎体厚重。肩部有一道台阶状凸棱。

78. 陶罐（编号R01161）

元

残高15、底径8.5厘米

蓬莱海域出水，烟台市博物馆征集，现藏烟台市
博物馆

夹砂夹石英灰陶。耸肩，鼓腹，下腹斜收，平
底。口沿残损。肩部有一周凸弦纹。

79. 陶罐（编号R01145）

元

高20、口径7.5、底径6.8厘米

蓬莱海域出水，烟台市博物馆征集，现藏烟台市博物馆

泥质灰陶。直口，方唇，短颈，斜肩，直腹，下腹斜
收，平底上凹。腹部有数周旋削纹，为制作痕迹。

80. 陶四系罐（编号R01182）

元

高25、口径10.5、底径9.3厘米

蓬莱海域出水，烟台市博物馆征集，现藏烟台市博物馆

泥质红陶。侈口，卷沿，尖圆唇，溜肩，长弧腹，平底。肩部有四系，两两相对。素面。

81. 陶瓶（编号R01169）

元

高24、口径5.5、底径6厘米

蓬莱海域出水，烟台市博物馆征集，现藏烟台市博物馆

夹砂红陶。直口，平沿，圆唇，长束颈，斜肩，长直腹，平底。素面。器身制作痕迹明显。覆盖较多海洋生物。

82. 陶碗（编号R01433）

元

高7.2、口径16、足径7.5厘米

蓬莱海域出水，烟台市博物馆征集，现藏烟台市博物馆

泥质红陶。敞口，圆唇，斜腹，近底部壁近竖直，平底，圈足。素面。

83. 陶碗（编号R01435）

元

高8、口径17、足径8.5厘米

蓬莱海域出水，烟台市博物馆征集，现藏烟台市博物馆

泥质红陶。敞口，圆唇，斜腹，近底部壁近竖直，平底，圈足较矮。素面。

84. 陶碗（编号R01434）

元

高8~9、口径16.8、足径6.8厘米

蓬莱海域出水，烟台市博物馆征集，现藏烟台市博物馆

夹砂红陶。敞口，尖圆唇，深弧腹，平底，圈足。素面。

85. 陶碗（编号R01437）

元

高6、口径15、足径6厘米

蓬莱海域出水，烟台市博物馆征集，现藏烟台市博物馆

泥质灰陶。敞口微外撇，圆唇，弧腹，平底，圈足。素面。

86. 铁撑篙头（编号DB-1446）

元

高4、长22.5、宽12厘米

1984年蓬莱水城小海清淤出土，现藏蓬莱古船博物馆

两侧有弯钩。

87. 沉船遗物结块（编号R01458）

元

长52、宽35厘米

蓬莱海域出水，烟台市博物馆征集，现藏烟台市
博物馆

泥质，内含磁州窑白地褐彩碗。细节不清。有
铁锈。

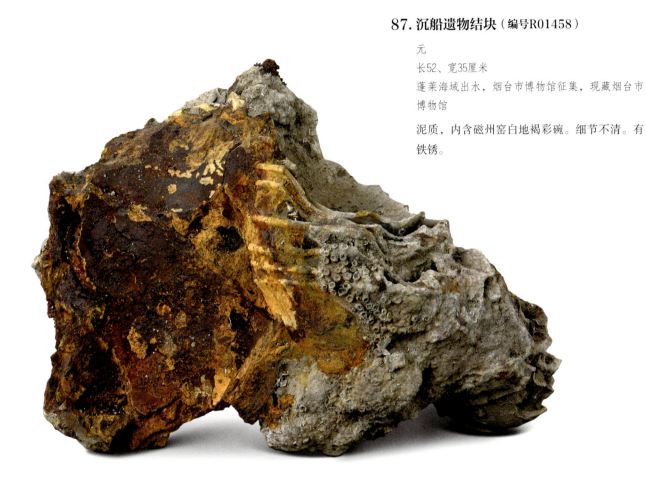

88. 石炮弹（编号DB-1961）

元明

直径19.5厘米

1984年蓬莱水城小海清淤出土，现藏蓬莱古船博物馆

球形，琢制而成，形体较大。疑似为投石机所用。

柒

明

　　明代因沿海倭寇之患日益严重，自洪武起就建立了海防卫所制度，并设海禁，山东即设莱州、登州、宁海、成山、靖海、灵山等十一卫，与外关系一度十分紧张，但是这些也没有阻止对外交流，以郑和下西洋为代表的朝贡贸易影响深远。山东也仍是明王朝与东北亚交流的主要窗口，高丽的朝贡之路多经登莱，朝鲜粉青沙器在今蓬莱的出现就是明证。这一时期山东沿海多见龙泉窑、景德镇窑、磁州窑系瓷器，可见山东内陆的转运和对外的交流仍十分繁荣。

1. 酱釉韩瓶（编号威字3985号CTⅡ·328）

明

高21、口径4.8~5.3、底径6厘米

2016年征集，现藏威海市博物馆

器身近似橄榄形。敛口，尖圆唇，短颈，颈中部出沿一周，溜肩，直腹，下腹至底处斜收，平底。腹部略有内凹，为烧制变形。褐色胎，胎质较粗糙，器身施一层薄酱釉。器身下部有旋削纹，为制作痕迹。器身覆盖海洋生物。

2. 酱釉韩瓶（编号威字3986号CTⅡ·329）

明

高23、口径4.7~5、底径6厘米

2016年征集，现藏威海市博物馆

器身近似橄榄形。敛口，圆唇，短颈，颈中部出沿一周，溜肩，直腹，下腹至底处斜收，平底。灰胎，胎质较粗糙，器身施一层薄酱釉。器身下部有旋削纹，为制作痕迹。口部烧制变形。器身覆盖海洋生物。

3. 酱釉韩瓶（编号威字3987号CTⅡ·330）

明

高20、口径4、底径5.5厘米

2016年征集，现藏威海市博物馆

器身近似橄榄形。敛口、尖圆唇、短颈，颈中部出沿一周，溜肩，直腹，下腹至底处斜收，平底。灰胎，胎质较粗糙，器身施一层薄釉，呈红褐色。器身下部有旋削纹，为制作痕迹。上腹略有内凹，为烧制变形。器身覆盖海洋生物。

4. 酱釉韩瓶（编号威字3988号CTⅡ·331）

明

高17.5、口径4.5、底径4.5厘米

2016年征集，现藏威海市博物馆

器身近似橄榄形。敛口、尖圆唇、短颈，颈中部出沿一周，溜肩，弧腹，下腹至底处斜收，平底。褐色胎，胎质较粗糙，器身施一层薄釉，呈红褐色。器身下部有旋削纹，为制作痕迹。口部及腹部有较多海洋凝结物。

5. 酱釉韩瓶（编号001099CTⅠ·76）

明

高22、口径4.5、底径5.1～5.8厘米

威海市文物管理办公室拨交，现藏威海市博物馆

器身近似橄榄形。敛口，尖圆唇，短颈，颈中部出沿一周，溜肩，直腹，下腹至底处斜收，平底。灰胎，胎质粗糙，施一层薄釉，器身呈红褐色。器身下部有旋削纹，为制作痕迹。

6. 酱釉韩瓶（编号000203CTⅡ·52）

明

高18.3、口径4.5、底径5.1厘米

1991年长峰原二毛纺厂采集，现藏威海市博物馆

器身近似橄榄形。敛口，尖圆唇，短颈，颈中部出沿一周，溜肩，直腹，下腹至底处斜收，小平底。灰胎，胎质粗糙，施一层薄釉，器身呈红褐色。器身下部有旋削纹，为制作痕迹。

7. 酱釉韩瓶（编号001101CTⅠ·78）

明

高16.9、口径4.5、底径5厘米

威海市文物管理办公室拨交，现藏威海市博物馆

器身近似橄榄形。敛口，尖圆唇，短颈，颈中部出沿一周，溜肩，直腹，下腹至底处斜收，平底。灰胎，胎质粗糙，施一层薄釉，器身呈红褐色。器身下部有旋削纹，为制作痕迹。

8. 酱釉瓶（编号000189CTⅡ·38）

明

高19.5、口径7.4、底径6.1厘米

1979年威海经济技术开发区凤林高家庄采集，现藏威海市博物馆

平折沿，尖圆唇，溜肩，下腹斜收，平底略上凹。灰胎，胎质粗糙，器身施褐釉。器身有旋削纹，为制作痕迹。

9. 酱釉瓶（编号001057CTⅡ·87）

明

高19、口径5、底径4厘米

威海古陌隧道处施工时，在被破坏的墓葬中采集，现藏威海市博物馆

侈口，卷沿，方唇，唇面一周凹槽，溜肩，长腹，下腹斜收，小平底。灰褐胎，胎质粗糙，施一层薄釉，器身呈红褐色。下腹部有旋削纹，为制作痕迹。上腹多处内凹，为烧制变形。

10. 酱釉四系韩瓶（编号DB-675）

明

高23、口径5、底径6.3厘米

1997年蓬莱市水城村征集，现藏登州博物馆

器身近似长筒形。敛口，尖唇，短颈，颈中部出沿一周，溜肩，直腹，下腹至底处斜收，平底。肩上四个竖桥形系，一系残损。灰胎，胎质略松，通体施酱釉，底部无釉。器身里外均有明显旋削纹，为制作痕迹。口沿有酱釉，其余脱落。

11. 酱釉四系韩瓶（编号DB-632）

明

高23.5、口径5.5、底径6.3厘米

1994年蓬莱市水城村征集，现藏登州博物馆

器身近似长筒形。敛口，尖唇，短颈，颈中部出沿一周，溜肩，直腹，下腹至底处斜收，平底上凹。肩上四个竖桥形系，一系残损。灰胎，胎质略松，通体施酱釉，底部无釉。器身里外均有明显旋削纹，为制作痕迹。釉全部脱落。

12. 酱釉四系韩瓶（编号DB-598）

明

高28.5、口径6.5、底径7厘米

1990年蓬莱市水城村征集，现藏登州博物馆

器身近似长筒形。敛口，尖唇，短颈，颈中部出沿一周，溜肩，直腹，下腹至底处斜收，平底。肩上四个竖桥形系，一系残损。灰胎，胎质略松，通体施酱釉，底部无釉。器身里外均有明显旋削纹，为制作痕迹。口沿有釉，其余全部脱落。

13. 酱釉四系韩瓶（编号R01208）

明

高27、口径6.2、底径6.5厘米

蓬莱海域出水，烟台市博物馆征集，现藏烟台市博物馆

器身近似长筒形。敛口，尖圆唇，短颈，颈中部出沿一周，溜肩，直腹，下腹至底处斜收，平底。肩上四个竖桥形系，两两成对。红褐胎，器身施酱釉，局部脱落。器表有较多海洋生物。

14. 褐釉四系罐（编号R01155）

明

高30.8、口径14、底径14厘米

蓬莱海域出水，烟台市博物馆征集，现藏烟台市博物馆

长筒形，直口，圆唇，溜肩，长腹，大平底。肩有四小系。粗褐胎，胎质粗糙，器身施褐釉。口沿下有四周凹弦纹。

15. 白瓷四系罐（编号R01077）

明

高23、口径9、底径9.5厘米

蓬莱海域出水，烟台市博物馆征集，现藏烟台市博物馆

侈口，卷沿，方圆唇，腹部最大径偏上，下腹斜收，平底。肩上四横向桥形系。灰白胎，胎质粗糙，器身上部施白釉。器身里外均有明显旋削纹，为制作痕迹。器身釉色经海水浸泡，大部分脱落。

16. 酱釉执壶（编号DB-3111）

明

高12.5、口径9、底径7.3厘米

1984年蓬莱水城小海清淤出土，现藏蓬莱古船博物馆

直口，方唇，直颈，折肩，腹较直，肩腹有一把手，另一侧有短流，下腹弧收，近底部壁近竖直，平底上凹。灰黑胎，酱釉偏灰。流微残。

17. 青花高足杯（编号DB-1846）

明

高10.2、口径12.9、足径4.4厘米

1984年蓬莱水城小海清淤出土，现藏蓬莱古船博物馆

敞口微撇，弧腹，平底，高足，足缘外撇，有削。白胎，釉色白中闪青。口沿内外均有两周弦纹，内填回文；杯身描绘缠枝莲纹，高足有四周青花弦纹；内底描绘青花双圈，内填青花唐草纹。

18. 青花碗（编号南隍城001）

明

高6.9、口径13.6、足径6.7厘米

南隍城水域出水，现藏长岛县博物馆

敞口微撇，圆唇，斜直腹，圈足，足墙较厚，足端较尖，内外略弧。灰白胎，胎质粗糙，淘洗不精，含较多细砂。釉色泛青，内满釉，外施至圈足外墙底部。青花呈色灰暗。口沿、外腹及内底饰有菊瓣纹，纹饰草率，下腹一周青花弦纹，碗心、圈足内各双圈。

19. 青花碗（编号DB-123）

明

高7.6、口径14、足径6厘米

1996年蓬莱市水城村征集，现藏登州博物馆

敞口，圆唇，斜直壁，近底处内收，圜底，圈足。灰白胎，胎质致密，施釉均匀，通体施青白釉，白中泛青，青花呈色蓝灰，圈足内无釉。口沿有一周圆点纹，外腹五组青花菊瓣花纹，碗心有菊瓣花卉及青花弦纹。

20. 青花碗（编号R01108）

明

高6.2、口径14.3、足径5.5厘米

蓬莱海域出水，烟台市博物馆征集，现藏烟台市博物馆

敞口，圆唇，斜腹，圈足较矮。白胎，胎质细密，全身施釉。口沿内侧一周几何形花卉纹饰，外腹施三组青花折枝花卉，碗心青花双圈及一组折枝花卉。

21.青花碗（编号R01421）

明

高6.2、口径14.5、足径7厘米

蓬莱海域出水，烟台市博物馆征集，现藏烟台市博物馆

敞口，尖唇，弧腹，平底，圈足。白胎，胎质致密，全身施釉。外腹青花描绘两组卷云纹，内底中部有一青花圆点。

22.青花碗（编号DB-166）

明

高4.5、口径11.7、足径5厘米

渔民海上打捞捐赠，现藏登州博物馆

敞口，圆唇，斜腹，圜底，圈足。灰白胎，通体施青白釉，圈足内无釉，碗心有涩圈，外腹青花描绘三组变体花卉纹。

23. 青花螭龙纹碗（编号R01371）

明

高5、口径12.5、足径5.2厘米

蓬莱海域出水，烟台市博物馆征集，现藏烟台市博物馆

敞口，尖唇，斜弧腹，平底，圈足较矮，圈足内撇，壁较薄。白胎，胎质致密，洁白细腻，通体施釉，施釉均匀。釉色白中闪青，圈足内无釉，釉面莹润光滑，青花呈色蓝灰。碗内绘青花团螭龙纹图案，外腹青花描绘简化螭龙纹，口沿内外各描绘青花双圈，下腹一周青花弦纹。

24.青花螭龙纹碗（编号DB-1820）

明

高5.5、口径13、足径5.2厘米

1984年蓬莱水城小海清淤出土，现藏登州博物馆

敞口，尖唇，斜弧腹，平底，圈足较矮。白胎，胎质致密，洁白细腻，通体施釉，施釉均匀。釉色白中闪青，圈足内无釉。青花呈色蓝灰，碗内绘青花团螭龙纹图案，外腹青花描绘简化螭龙纹，口沿内外各双圈，下腹一周青花弦纹。

25. 青花螭龙纹碗（编号007）

明

高5.4、口径13.4、足径5.9厘米

日照海域出水，现藏日照市博物馆

敞口，尖唇，斜弧腹，平底上凹，圈足较矮，圈足内撇，足缘斜削，壁较薄。灰白胎，胎质致密，洁白细腻，通体施釉，施釉均匀。釉色白中闪青，圈足内无釉，釉面莹润光滑，青花呈色蓝灰。碗内绘青花团螭龙纹图案，外腹青花描绘简化螭龙纹，口沿内外及碗心各描绘青花双圈，下腹一周青花弦纹。

26. 青花螭龙纹碗（编号001）

明

高5.2、口径13.1、足径5.8厘米

日照海域出水，收藏者刘先生

敞口，尖唇，斜弧腹，平底上凹，圈足较矮，壁较薄。灰白胎，胎质致密，洁白细腻，通体施釉，施釉均匀。釉色白中闪青，圈足内无釉，釉面莹润光滑，青花呈色蓝灰。碗内绘青花团螭龙纹图案，外腹青花描绘简化螭龙纹，口沿内外及碗心各描绘青花弦纹，下腹一周青花弦纹。

27. 青花螭龙纹碗（编号庙岛西001）

明

残高5.4、口径13、足径5.1厘米

庙岛西水域出水，现藏长岛县博物馆

敞口，尖唇，斜弧腹，平底上凹，圈足较矮，圈足内撇，足缘斜削，壁较薄。灰白胎，胎质致密，洁白细腻，通体施釉，施釉均匀。釉色白中闪青，圈足内无釉，釉面莹润光滑，青花呈色蓝灰。碗内绘青花团螭龙纹图案，外腹青花描绘简化螭龙纹，口沿内外各描绘青花双圈，下腹一周青花弦纹。

28. 青花碗（编号DB-191）

明

高6.5、口径14.5、足径6厘米

渔民打捞征集，现藏登州博物馆

敞口微撇，尖唇，弧腹，平底，圈足。白胎，胎质致密，洁白细腻，青白釉，施釉均匀。白中略泛青，圈足下部及圈足内无釉。口沿内侧一周青花弦纹，碗心青花双圈，内有青花纹饰；外腹描绘变形云气纹，下腹青花双圈。

29. 青花竹石纹碗（编号010）

明

高5.3、口径13.7、足径5.4厘米

日照海域出水，现藏日照市博物馆

敞口外撇，尖唇，斜弧腹，平底，圈足较矮，足壁略内撇。白胎，胎质较致密，器身遍施青白釉。口沿内外及碗心处青花勾勒两道弦纹，口沿有点纹，外腹描绘两组相同的青花纹饰，内底描绘青花竹石图案。

30. 青花松竹梅石纹碗（编号R01417）

明

高6、口径15.6、足径6.5厘米

蓬莱海域出水，烟台市博物馆征集，现藏烟台市博物馆

敞口外撇，尖唇，斜弧腹，平底，圈足，足壁略内撇。白胎，胎质较致密，器身遍施青白釉。外壁口沿及腹近底处青花勾勒两道弦纹，外腹描绘两组纹饰，一组为青花松、竹、梅，一组为青花松、梅，间有怪石，内底描绘青花竹石图案。

31. 青花碗（编号DB-139）

明

高5.3、口径12.6、足径6厘米

1996年蓬莱市水城村征集，现藏登州博物馆

敞口，尖圆唇，斜腹，平底，圈足。灰白胎，胎质粗糙，通体遍施青釉，圈足底无釉，外腹青花描绘两组折枝花卉。

32. 青花碗（编号庙岛北002）

明

高5.4、口径12、足径6.5厘米

庙岛北水域出水，现藏长岛县博物馆

敞口，圆唇，斜腹，平底微上凹，圈足内有鸡心突起，高圈足，足墙厚，足端较尖。灰白胎，胎质较粗，釉色泛青灰，内外均施釉，足端刮釉。碗心有涩圈，外腹饰折枝花卉，图案较模糊。

33. 青花"金榜题名"碗（编号DB-1852）

明

高4.6、口径8.6、足径4厘米

1984年蓬莱水城小海清淤出土，现藏蓬莱古船博物馆

敞口微撇，尖唇，上腹较直，下腹弧收，平底，圈足较矮。白胎，胎质细腻，白釉。外腹有"金榜题名"四字，碗心有一"贵"字，口沿内外各有青花弦纹一周，内壁近底处青花勾画双圈，圈足处有青花弦纹一周。

34. 青花碗（编号DB-126）

明

高4.7、口径13、足径6厘米

1996年蓬莱市水城村征集，现藏登州博物馆

敞口，尖圆唇，斜腹，平底，圈足。器形略不规整。碗心有涩圈。白胎，通体施青釉，青花呈色偏灰。外腹施三组折枝花卉。

35. 青花碗（编号DB-97）

明

高6、口径13.5、足径7.1厘米

征集，现藏蓬莱古船博物馆

敞口，尖圆唇，斜腹，平底，圈足。白胎，全身施釉。口沿内外各一周青花弦纹，外腹青花描绘折枝花卉，外壁下部及圈足均饰一周青花弦纹。

36. 青花婴戏纹碗（编号DB-1851）

明

高5、口径10、足径4.6厘米

1984年蓬莱水城小海清淤出土，现藏蓬莱古船博物馆

敞口外撇，尖唇，腹壁较直，下腹弧收，平底，圈足。釉色白中闪青，白胎，胎质细腻。口沿内外各有一圈青花弦纹，圈足外一周弦纹，内心一周青花弦纹，内填青花团花纹，外腹饰两组婴戏图。

37. 青花碗（编号庙岛北003）

明

高5.4、口径11.8、足径6厘米

庙岛北水域出水，现藏长岛县博物馆

敞口微外撇，圆唇，斜腹，平底，圈足内有鸡心突起，高圈足，足墙厚，足端稍尖。灰白胎，胎质较粗，釉色泛青灰，釉面有较多小气孔，内外皆施釉，足端刮釉。外腹饰有折枝花卉。

38. 青花碗（编号庙岛北001）

明

高4.9、口径12、足径6.2厘米

庙岛北水域出水，现藏长岛县博物馆

敞口微撇，圆唇，斜腹，平底微上凹，高圈足，足墙厚，足端较尖，圈足内呈鸡心底。灰白胎，胎质较粗，釉色泛青灰，内外均施釉，足端刮釉。内底有涩圈。外腹饰折枝花卉纹，图案较模糊。

39. 青花碗（编号威字3984号CTⅡ·327）

明

高6.1、口径13.9、足径6.8厘米

征集，现藏威海市博物馆

敞口微撇，尖圆唇，斜弧腹，平底，底心略上凹，圈足略内收，足缘有削。白胎、胎质紧密、质地较粗、全身施釉、施釉均匀。纹饰受海水侵蚀，脱落严重，外壁仅局部可见折枝花卉纹饰。器身有裂。

40. 青花碗（编号庙岛北004）

明

高5.2、口径12.7、足径6.6厘米

庙岛北水域出水，现藏长岛县博物馆

敞口微撇，圆唇，斜腹，平底，圈足内有鸡心突起，高圈足、足墙厚、足端稍尖。灰白胎、胎质较粗、釉色泛青灰、釉面有较多气孔、内外均施釉、足端刮釉。碗心有涩圈。外腹饰有折枝花卉。

269

41. 青花碗（编号威字3983号CTⅡ·326）

明

高6.2、口径14、足径6.8厘米

征集，现藏威海市博物馆

敞口，卷沿，尖圆唇，斜直腹，平底，圈足内收。灰白胎，胎质紧密，施釉均匀，青花呈色灰褐。外腹施三组折枝花纹，器身施三周细线纹，圈足外部施一周粗弦纹，内底施一叶纹，圈足底有落款，具体不明。腹部有裂纹。

42. 青花碗（编号R01423）

明

高6、口径14、足径6.8厘米

蓬莱海域出水，烟台市博物馆征集，现藏烟台市
博物馆

敞口微撇，尖圆唇，斜弧腹，平底，圈足。灰
白胎，全身施釉。内底有涩圈，外腹青花描绘
三组缠枝花卉纹，碗心有青花纹饰。

43. 青花碗（编号R01425）

明

高5.8、口径13、足径6.2厘米

蓬莱海域出水，烟台市博物馆征集，现藏烟台市
博物馆

敞口，尖圆唇，斜弧腹，平底，圈足。白胎，
较致密，通体施透明釉。外腹青花描绘折枝花
果纹，内壁近底处勾勒一周青花弦纹。

44. 青花碗（编号005）

明

高6.5、口径13.7、足径5.2厘米

日照海域出水，现藏日照市博物馆

敞口外撇，尖圆唇，斜弧腹，平底，圈足。白胎，通体施
釉。外腹饰有两组青花缠枝花卉，口沿内外、圈足外及碗
心青花勾勒双圈，圈足内有刻划痕迹，似"全"字。

45. 青花碗（编号R01420）

明

高6、口径13.5、足径5.5厘米

蓬莱海域出水，烟台市博物馆征集，现藏烟台市
博物馆

敞口外撇，尖圆唇，斜弧腹，平底，圈足。白
胎，胎质细腻，遍施白釉。外腹用青花勾勒两
组折枝花卉纹饰，外腹近圈足处有青花双圈，
内壁中部施青花双圈，内底有青花纹饰。

46. 青花碗（编号R01419）

明

高5.3、口径14.5、足径7.4厘米

蓬莱海域出水，烟台市博物馆征集，现藏烟台市
博物馆

敞口，圆唇，斜腹，大平底，圈足。灰白胎，
胎质粗糙，遍施青釉，外底施釉，内底有涩
圈。外腹青花描绘三组折枝花叶纹。

47. 青花碗（编号DB-92）

明

高6.2、口径12.7、足径6厘米

1987年蓬莱市水城村征集，现藏登州博物馆

敞口，圆唇，斜腹，平底，圈足，足缘有削，足底外凸。胎质致密，白中泛青，施釉均匀，青花呈色蓝灰。外腹三组缠枝花卉，下腹一周弦纹，圈足两周弦纹，碗心双圈及青花花卉。

48. 青花碗（编号R01427）

明

高5.2、口径14.5、足径7.5厘米

蓬莱海域出水，烟台市博物馆征集，现藏烟台
市博物馆

敞口，圆唇，斜弧腹，大平底，圈足。内底
有涩圈。灰白胎，胎质较致密，全身施釉。
外腹描绘三组青花折枝花叶纹。

49. 青花碗（编号R01428）

明
高4.7、口径14.3、足径7.3厘米
蓬莱海域出水，烟台市博物馆征集，现藏烟台市博物馆

敞口，圆唇，斜腹，大平底，圈足。灰白胎，胎质较粗糙，全身施釉，外底有釉，内底有涩圈。外腹描绘三组青花折枝花叶纹。青花颜色浅淡。

50. 青花碗（编号DB-187）

明
高5、口径13.5、足径7厘米
征集，现藏蓬莱古船博物馆

敞口，圆唇，斜腹，平底，圈足。红胎，通体施白釉，圈足底无釉。碗心有涩圈。外腹青花描绘海水纹，内壁口沿描绘青花弦纹及波浪纹，碗心青花描绘双圈，内有青花纹饰。

51. 青花碗（编号DB-155）

明

高5.6、口径13.2、足径6.5厘米

1997年蓬莱市水城村征集，现藏登州博物馆

敞口，尖唇，斜腹，平底，圈足较矮，圈足内收。灰胎，釉白中泛黄，脱落严重。外腹青花描绘海水纹，碗心青花花草纹。碗心近底处青花双圈，内壁口沿处有青花弦纹及波浪纹，外壁下腹及圈足有青花弦纹。

52. 青花山水纹碗（编号R01418）

明

高5.8、口径14、足径7.5厘米

蓬莱海域出水，烟台市博物馆征集，现藏烟台市博物馆

敞口外撇，尖唇，斜腹，大平底，圈足。灰白胎，胎质粗糙，不致密，遍施青釉，圈足内无釉，内底有涩圈。外腹描绘青花山水纹样。

53. 青花碗（编号R01422）

明

高4.5、口径11.8、足径5.8厘米

蓬莱海域出水，烟台市博物馆征集，现藏烟台市
博物馆

敞口微外撇，尖圆唇，斜弧腹，平底，圈足。
灰白胎，全身施青釉，碗内有涩圈。外腹绘花
草纹饰一组。

54. 青花碗（编号R01426）

明

高5、口径13.3、足径6.5厘米

蓬莱海域出水，烟台市博物馆征集，现藏烟台市
博物馆

敞口，尖唇，斜腹，平底，圈足较矮，圈足内
撇。灰白胎，外略呈砖红色，内壁上部及外壁
上部施白釉，下部及碗底无釉。外腹青花描绘
三组菊瓣纹。

55. 豆青釉碗（编号DB-1841）

明

高7.2、口径14.7、足径5.5厘米

1984年蓬莱水城小海清淤出土，现藏蓬莱古船博物馆

敞口微撇，圆唇，弧腹，圈足。灰胎，青釉，碗心
与圈足内无釉，内壁模印莲花纹，外壁粘有碗口，
为叠烧痕迹。

56. 龙泉窑青瓷碗（编号R01404）

明

高7.7、口径16.4、足径6.8厘米

蓬莱海域出水，烟台市博物馆征集，现藏烟台市博物馆

敞口微外撇，尖圆唇，弧腹，平底，圈足。灰白胎，遍施青釉，圈足内无釉。

57. 白地酱花碗（编号R01118）

明

高5、口径14.7、足径5.7厘米

蓬莱海域出水，烟台市博物馆征集，现藏烟台市博物馆

敞口，圆唇，斜弧腹，圜底近平，圈足。灰白胎，胎质粗糙，施白釉，圈足内无釉，碗口内有涩圈。口沿内侧酱彩勾画两周弦纹，外腹酱彩勾画云纹。

58. 青瓷碗（编号DB-1869）

明

高4.1、口径15、足径8.6厘米

2005年蓬莱古船发掘出土，位于探沟北部㉒层淤泥中，现藏蓬莱古船博物馆

敞口微撇，圆唇，浅腹，平底，圈足。灰白胎，青釉，有少量开片，并有积釉现象。盘心有涩圈。

59. 青花碟（编号DB-188）

明

高2.7、口径13.4、足径7.9厘米

征集，现藏蓬莱古船博物馆

敞口，圆唇，浅弧腹，平底，圈足较矮。灰白胎，通体施白釉，圈足底无釉，内壁青花描绘花瓣纹，内填灵芝纹饰，外腹描绘三组灵芝纹。

60. 酱釉钵（编号DB-764）

明

高9.1、口径13.5、底径15.2厘米

征集，现藏蓬莱古船博物馆

敛口，圆唇，深直腹，平底上凹。灰胎，通体施酱釉。

61. 朝鲜粉青沙器碗（编号DB-1866）

14~15世纪

高8.1、口径13.2、足径5.7厘米

2005年蓬莱水城小海清淤出土，现藏蓬莱古船博物馆

敞口，圆唇，深弧腹，小圈足较矮。胎质较细，胎釉结合紧密，瓷化程度较高，通体施粉青釉。器内壁嵌白彩波浪纹和圆圈纹带。

62. 陶瓶（编号DB-3116）

明

高30、口径9.3、底径11.6厘米

1984年蓬莱水城小海清淤出土，现藏蓬莱古船博物馆

泥质灰陶。侈口，平折沿，方唇，束颈，溜肩，斜直腹，腹部自肩部向下逐渐内收，平底。素面。

63. 陶罐（编号R01164）

明

高15.5、口径18.5、底径11.5厘米

蓬莱海域出水，烟台市博物馆征集，现藏烟台市博物馆

夹砂红陶。敞口，卷沿，圆唇，束颈，鼓腹，下腹斜收，大平底，肩部有两竖耳。素面。

283

64. 石碾（编号R01471）

明
高17、宽18.5、长41.5厘米
蓬莱海域出水，烟台市博物馆征集，现藏烟台
市博物馆

整体呈舟形，外轮廓呈椭圆柱体，上大下小，
碾槽呈纺锤形。质地沉重。

65. 石秤砣（编号R01477）

明
高15.5、长13、宽12厘米
蓬莱海域出水，烟台市博物馆征集，现藏烟台
市博物馆

整体呈长方体，上小下大，顶端有孔，孔上有
使用痕迹。三面有"唐""秤""砣"刻字，
一侧不明，疑似后刻。一角磕损。

66. 石碇（编号DB-1860）

明
长35、宽16、厚9厘米
1984年蓬莱水城小海清淤出土，出土于一号古船下北侧深
2.67米处，现藏蓬莱古船博物馆

玄武岩制成。长方形，出土时一般为大小、重量相近的两
件石碇同出。碇上部凿有缆孔，碇的两侧有凹槽，以便捆
缚，下部扁，形似刀，上部缆孔径2.7厘米，下部未发现凹
槽。两边凹槽宽4、深2.5厘米。

67. 铁锚（编号DB-1882）

明

总长305、锚爪长88、锚间距170厘米

征集，现藏蓬莱古船博物馆

四爪铁锚，锥状爪。锚体锈蚀严重，整体结构
保存较好。

68. 铁药碾（编号DB-1447）

明

高9、长53.7、宽14.8厘米

1984年蓬莱水城小海清淤出土，征集，现藏蓬莱古
船博物馆

形似柳叶，两端翘起，断面为"V"形，内部槽
宽9厘米。用生铁铸造而成。

捌

清

　　清代的海禁政策更加森严，但康熙统一台湾后，开放海禁，成立粤海关，开放广州口岸，自此民间贸易飞速发展。这一时期山东沿海出水的器物多来自景德镇和福建诸窑口，同样的器物也见于京杭大运河、南方沿海以至东南亚、非洲等地。产自中国的瓷器被销往世界各地，山东的对外交流更深刻的融入到了整个大航海时代海上丝绸之路宏大的构架之中。

1. 绿釉六棱提梁壶（编号DB-747）

清

高22.5、上总边长60、下总边长48、器身通宽20.3厘米

征集，现藏蓬莱古船博物馆

整体呈六棱桶形，壶高三分之二处有一周凹槽，壶形似竹子，顶部中央有桥形提梁，提梁后端中间为壶口，相对处有流。器物棱线分明。器身施绿釉，釉色清雅，釉质肥润，釉水莹透，壶底无釉。

2. 酱釉罐（编号R01459）

清

高21、口径13、底径19厘米

蓬莱海域出水，烟台市博物馆征集，现藏烟台市博物馆

侈口，卷沿，方唇，束颈，斜肩近平，直腹，平底上凹。灰褐胎，施酱釉，胎体厚重。肩部及上腹施压印绳纹。器表覆盖较多海洋生物。

3. 瓷虎子（编号DB-3007）

清

高15、口径3.8、底径14厘米

1984年蓬莱水城小海清淤出土，现藏登州博物馆

短直口，方唇，圆顶，扁鼓腹，平底，三桥形耳。北方窑。红褐胎，胎质略松，施酱釉不及底。一耳残缺。

4. 青花盘（编号庙岛西002）

清

高3、口径13.6、足径8.2厘米

庙岛西水域出水，现藏长岛县博物馆

敞口，圆唇，斜弧腹，圈足，足端较平，粘较多窑砂。灰白胎，淘洗不精，含较多细砂。釉色泛青，呈色灰暗，内外皆施釉。盘内饰有缠枝花纹，内底绘青花双圈弦纹，内绘一"寿"字，内壁绘缠枝花草，口沿外侧绘青花单圈弦纹。

5. 开光红绿彩碟（编号R01091）

清

高2.5、口径15、足径8.7厘米

蓬莱海域出水，烟台市博物馆征集，现藏烟台市博物馆

尖圆唇，浅斜腹，平底，圈足较矮，足壁略内收。白胎，胎质细腻，通体施青白釉，釉面光滑莹润。碟内壁施绿彩，盘底红彩勾勒八个花瓣纹开光，内用红彩绘竹叶纹，外壁红彩勾勒两对竹叶纹。盘口残损，盘身有裂纹，背面有六个锔钉。圈足内有款"大清道光年制"。器物由碎片锔合而成，外壁可见锔钉。

6. 红彩竹纹瓷碟（编号R01093）

清

高2.5、口径14.5、足径8.5厘米

蓬莱海域出水，烟台市博物馆征集，现藏烟台市博物馆

浅腹，尖圆唇，斜腹，平底，圈足较矮，足壁略内收。白胎，胎质细腻，通体施青白釉，釉色莹润。盘内用红彩描绘云气纹，盘底用金彩书写"玉石""杯宜照"，盘底有青花方形款。器物由碎片锔合而成，外壁可见多枚锔钉。

7. 青花开光花卉纹碗（编号R01088）

清

高6.5、口径17.1、足径6.7厘米

蓬莱海域出水，烟台市博物馆征集，现藏烟台市博物馆

敞口，圆唇，折腹，下腹弧收，圈足较矮，平底。全身施釉，内壁上部三组开光，内有兰草，开光之间满饰花卉，碗心有青花纹样。外底描绘青花双圈，折腹及圈足有一周青花弦纹，外壁口部有四组青花纹样。

8.青花龙凤纹碗（编号DB-83）

清

高5.6、口径12、足径5.7厘米

渔民水下打捞捐赠，现藏登州博物馆

敞口微外撇，尖唇，深腹，圈足。白胎，胎质致密，洁白细腻，施釉均匀。白中略泛青。青花呈色雅致，花卉采用勾勒敷色手法，碗底青花双圈，并有青花款识。外腹描绘变体龙凤纹。

9.青花碗（编号DB-88）

清

高7.1、口径15、足径6.5厘米

征集，现藏蓬莱古船博物馆

敞口，圆唇，弧腹，圜底，圈足。釉色白中闪青，口沿一周青花弦纹，外腹六组青花花卉纹饰，内壁近底有两周青花弦纹，圈足一周青花弦纹。

青花莲瓣纹，内填灵芝纹、花草纹，碗内底用青花勾勒双圈，中心勾勒花草纹，外底青花描绘双圈，圈足内有四个花押。

10.青花碗（编号R01429）

清

高5.8、口径11.8、足径4.8厘米

蓬莱海域出水，烟台市博物馆征集，现藏烟台市博物馆

敞口微外撇，深弧腹，圈足。白胎，全身施白釉。外腹勾勒青花莲瓣纹，内填灵芝纹、花草纹，碗内底用青花勾勒双圈，中心勾勒花草纹，外底青花描绘双圈，圈足内有四个花押。

11. 青花如意卷云纹双喜碗（编号DB-89）

清

高7.9、口径16.3、足径7厘米

征集，现藏蓬莱古船博物馆

敞口，圆唇，弧腹，平底，圈足。白胎，青白釉。外腹青花描绘
三组"囍"字及团花纹饰，口沿及圈足青花勾画一周弦纹，青花
彩较浅淡。

12. 青花如意卷云纹双喜碗（编号DB-90）

清

高8、口径16.7、足径7厘米

征集，现藏蓬莱古船博物馆

敞口，圆唇，弧腹，平底，圈足。白胎，青白
釉，外腹青花描绘三组"囍"字及团花纹饰，
口沿及圈足青花勾画一周弦纹，青花彩较重。

13.青花碗（编号北长山岛001）

清晚期
残高6.7、口径16.1、足径5.9厘米
北长山岛北部水域出水，现藏长岛县博物馆

敞口外撇，方唇，斜弧腹，饼足，足微内凹。
黑灰胎，青白釉，内外壁施釉，圈足下部及圈
足内无釉。施釉不均，有大面积冰裂现象。碗
外有附着海洋生物的痕迹。

14.青花碗（编号DB-129）

清末民国
高5.5、口径12.2、足径5厘米
1996年蓬莱市水城村征集，现藏登州博物馆

敞口微外撇，尖圆唇，斜弧腹，平底，圈足较
高，足缘微削。白胎，通体青白釉，内壁口沿
及近底青花弦纹三周，外壁腹中部及圈足各一
周弦纹，外壁上腹一周青花纹饰带。

15. 陶炉（编号R01133）

清

高18、口径24、底径17.5厘米

蓬莱海域出水，烟台市博物馆征集，现藏烟台市博物馆

夹砂红陶。敞口，方唇，斜腹内收，下腹近直，平底，口沿上有三个方形支钉，下腹有一方形口。素面。

16. 木滑轮（编号R01440）

清

厚4.2、内径5、外径22.5厘米

蓬莱海域出水，烟台市博物馆征集，现藏烟台市博物馆

圆饼状，中间有圆孔，周边内凹。

玖

近代

　　1840年，鸦片战争的炮火轰痛了清王朝，也唤醒了沉睡的中国人。从此，中国风帆时代的和平贸易消亡了，油轮加战舰的贸易时代将中国带到半封建半殖民地的社会，世界贸易已经深入到社会的各个领域。民国时期，战争频仍，中国海外贸易受到战争的影响。这一时期出水的船只既有海外贸易的船只，也有战争沉没的战舰。出水文物中，既有山东当地的物品，也有海外的舶来品，其中日本瓷器在山东地区出水较多。由于山东水下考古起步晚，对近现代出水文物重视不够，因此馆藏的出水文物数量较少。

1. 日本酒壶（编号DB-118）

19世纪

高21、口径4.6、底径11厘米

登州水道打捞，征集，现藏蓬莱古船博物馆

直口，圆唇外凸，长束颈，溜肩，腹略鼓，腹近底部近直，平底上凹。灰胎，通体施酱釉，器身白彩书写文字。

2. 日本兰花纹瓷碗（编号DB-158）

19世纪末20世纪初

高5.6、口径10.5、足径3.2厘米

1997年蓬莱市水城村征集，现藏登州博物馆

敞口，圆唇，弧壁内收，圜底，小圈足微外撇。白胎，通体施白釉，胎质致密，洁白细腻，施釉均匀。青花呈色雅致，饰红彩，外腹用青花和红彩绘兰草纹，碗底青花绘一旗帜。

3. 日本青花碗（编号DB-135）

19世纪末20世纪初

高6、口径11、足径4厘米

1996年蓬莱市水城村征集，现藏登州博物馆

敞口，尖唇，弧腹，圜底，圈足。白胎，胎质致密，洁白细腻，通体施白釉，施釉均匀。青花呈色浓艳，外腹六组花卉开光，内绘花心，空白处填以蓝彩，圈足两周弦纹。

4. 日本青花碗（编号DB-141）

19世纪末20世纪初

高5.6、口径11.4、足径4.3厘米

1996年蓬莱市水城村征集，现藏登州博物馆

敞口，圆唇，斜弧腹，圜底，小圈足。白胎，胎质致密，洁白细腻，通体施白釉，施釉均匀。青花呈色雅致，外腹描绘葡萄纹，采用勾勒敷色手法，呈现晕染效果，外腹有类似瓦棱纹。

5. 日本青花碗（编号DB-157）

19世纪末20世纪初

高6.2、口径11、足径4厘米

1997年蓬莱市水城村征集，现藏登州博物馆

敞口，圆唇，深弧腹，弧壁内收，圜底，圈足外撇。
白胎，通体施白釉，胎质致密，洁白细腻，施釉均
匀。青花呈色雅致，外腹青花描绘葡萄叶纹，花卉采
用勾勒敷色手法，略呈晕染效果，碗底有花押。

6. 日本青花碗（编号DB-142）

20世纪初

高5.7、口径11.2、足径4.8厘米

1996年蓬莱市水城村征集，现藏登州博物馆

敞口、圆唇、斜弧腹、圜底近平、圈足。白胎，通体
白釉，胎质致密，洁白细腻，施釉均匀。青花呈色雅
致，外腹青花描绘月季花纹样。

7. 日本青花杯（编号DB-124）

19世纪末20世纪初

高6.5、口径6.6、足径2.6厘米

1996年蓬莱市水城村征集，现藏登州博物馆

直口，尖唇，直腹，下腹弧收，平底，小圈足。白胎，胎质致密，洁白细腻，通体施白釉，施釉均匀。杯身饰花叶纹，青花呈色淡雅。

8. 日本青花寿字纹杯（编号DB-140）

20世纪初

高7.2、口径9.5、足径4厘米

1996年蓬莱市水城村征集，现藏登州博物馆

敞口，尖圆唇，斜腹，下腹折收，圜底近平，小圈足。白胎，胎质致密，洁白细腻，通体白釉，施釉均匀。外壁口沿五道弦纹，近底处两道弦纹，外腹书写寿字及风景图。近底一周莲瓣纹，圈足内有花押。

9. 船灯（编号R01441）

民国

通高26厘米

蓬莱海域出水，烟台市博物馆征集，现藏烟台市
博物馆

无灯芯、仅有灯罩。主体为褐色玻璃质球形，
外有铁丝罩子，上下有镂空柱状支撑，顶部有
防雨罩。局部锈蚀。

10. 铜手炉（编号R01092）

民国

高9.8、口径15.5、底径13厘米

蓬莱海域出水，烟台市博物馆征集，现藏烟台市
博物馆

黄铜质地。直口，方唇，短直颈，溜肩，最大
径在肩腹部，弧腹，平底。半圆形提梁，两侧
有叶形系。素面光滑。

拾

年代不明

　　考古是一门遗憾的学科，水下考古更是如此。辽阔的水域在漫长的历史时期遗留了大量的珍贵遗产，我们只能得其沧海一粟。同时，即使最权威的考古学家，也不能对出水的每件文物判断出准确的年代。本书收录的一些铁器、石器、骨角器由于在很长时间都有类同而无法辨明时代。这一事实告诉我们，我们对历史的认知毕竟是有限的，水下考古之路还刚刚开始，今后要走的路还很长，很长……

1. 玻璃灯罩（编号R1105）

年代不明

高3.5、上径6.5、下径3厘米

蓬莱海域出水，烟台市博物馆征集，现藏烟台市博物馆

敞口，方圆唇，弧腹，底部镂空。下腹平削呈八个莲瓣状。

2. 铁锚（编号385）

年代不明

总长46厘米（去掉活动铁环40厘米），锚爪长17、锚间距24厘米

2012年蓬莱王猛先生捐献海捞文物，蓬莱海域出水，烟台市博物馆征集，现藏烟台市博物馆

四爪铁锚，锥状爪。

3. 石臼（编号R01154）

年代不明

高13、口径24.5、底径16厘米

蓬莱海域出水，烟台市博物馆征集，现藏烟台市
博物馆

敞口，平沿，斜腹，平底，内圜底，口沿上有
两耳，一侧有流。质地极其厚重。

4. 石砣（编号孙家半劈001）

年代不明

高24.1、直径12.8~14.2、孔径3.8厘米

南长山岛孙家半劈山水域出水，现藏长岛县博物馆

石质呈青灰色。一端有孔，另一端较大，略呈扁
圆形。孔上磨损严重，为使用痕迹。

5. 石锚（编号孙家半劈002）

年代不明

长36.5、宽15、厚10.3、孔径4厘米

南长山岛孙家半劈山水域出水，现藏长岛县博物馆

石质呈灰白色。平面呈长方形，表面布满小孔。一端有一圆孔，另一端一角残缺，两侧各有一纵向凹槽。

6. 石锚（编号孙家半劈004）

年代不明

长72、宽21、厚16厘米

南长山岛孙家半劈山水域出水，现藏长岛县博物馆

石质呈青色。中间略宽，两端稍窄，一面略平，另一面略弧，中间有一道凹槽。

7. 鹿角（编号DB-1839）

年代不明

左：长46.5、宽15厘米

右：长48.5、宽18厘米

1984年蓬莱水城小海清淤出土，现藏蓬莱古船博物馆

断面有锯割痕迹，器表有绳绑痕迹，尖部磨光。

8. 鹿角（编号小钦岛003）

年代不明

通长25.1厘米

小钦岛水域出水，现藏长岛县博物馆

鹿角呈扁圆形、三分叉、中空，一端较尖，表面呈黑褐色，轻度石化。局部残损。

后记

为贯彻落实国家"一带一路"倡议，落实山东省省委、省政府关于海洋强省的指示精神，加强文物保护利用，促进山东省水下文化遗产保护事业的健康发展，我中心成立编纂小组，联合省内有关地市文博单位编撰出版了《海岱遗珍 —— 山东出水文物汇编》。

本书编写得到了山东省文物局、山东博物馆、山东省文物考古研究院、滨州市文物局、东营市文化广电新闻出版局、潍坊市文物局、潍坊市博物馆、烟台市文物局、烟台市博物馆、蓬莱市文物局、蓬莱古船博物馆、长岛县博物馆、长岛航海博物馆、威海市文广新局、威海市博物馆、青岛市文物局、日照市文物局的大力支持。

在实地调查及资料收集阶段，中心先后走访烟台市博物馆、蓬莱古船博物馆、登州博物馆、长岛县博物馆、长岛航海博物馆、威海市博物馆、荣成博物馆、荣成民俗馆。各馆工作人员提供了大量的资料。威海市博物馆王忠保、于雪梅，烟台市博物馆王晓妮、李芳芳、许盟刚、李健，蓬莱古船博物馆范惠泉、纪晓云，登州博物馆张爱敏参与了资料的搜集梳理工作。山东省文物考古研究院的王永波、李振光、崔圣宽，山东省水下考古研究中心王守功、司久玉，山东博物馆汤铭，聊城光岳楼管理处魏聊，莱州博物馆张玉光几位提供了古船篇的原始资料。山东博物馆徐波参与了全书的资料汇总整理和具体编写。

谨致以衷心的感谢！

编者

单位简介

　　山东省水下考古研究中心为山东省文化和旅游厅（文物局）所属正处级公益一类事业单位，编制15人，内设综合室、水下考古研究室、技术与装备室和出水文物修复室。主要宗旨是贯彻执行文物法律法规，通过开展山东水下及沿岸文物的考古调查、发掘和研究等相关工作，实现水下文化遗产的有效保护；利用先进的技术手段和专业的技术人员，探索沿海和内陆河流湖泊的水下及附属遗迹，将考古学研究领域延伸至海洋、内水，使其成为与田野考古学共同研究人类古代社会的科学。

　　山东省水下考古研究中心负责山东水下及沿岸的考古调查、发掘和保护，以及资料整理，器物修复，报告编制，水下遗迹、遗物保护；开展水下遗产课题研究，技术推广，学术交流，人才培养；承担国家文物局水下文化遗产保护中心北海基地相关工作；积极宣传海洋文化及水下文化遗产保护；开展公众考古学宣传及国际交流合作，培养提高山东水下考古技术人员学术研究水平，建立一支优秀的水下考古队伍。